Sozialraumforschung und Sozialraumarbeit
Band 8

AF147954

Herausgegeben von
F. Kessl, Essen, Deutschland
C. Reutlinger, St. Gallen, Schweiz

Sozialraumforschung und Sozialraumarbeit finden ihren Ausgangspunkt in der konstitutiven Gleichzeitigkeit von sozialer Konstruktion und Wirkmächtigkeit (vor)herrschender Raumordnungen. Letztere prägen Prozesse der Raumkonstitution ohne soziale Praktiken vollständig zu determinieren. Raumordnungen sind wiederum das Ergebnis dieser sozialen Praktiken und insofern nicht überhistorisch, das heißt keine natürlich bereits vorgegebenen Handlungseinheiten. Räume sind immer Sozialräume.

In der Sozialraumforschung steht die Analyse dieser Sozialräume im Zentrum des Interesses. Studien zur Sozialraumforschung untersuchen die spezifischen historischen Ordnungen des Räumlichen als Ergebnis politischer Kämpfe, die diese wiederum prägen. Sozialraumarbeit ist die professionelle Arbeit an und mit diesen Sozialräumen. Ihren Ausgangspunkt sucht die Sozialraumarbeit deshalb nicht innerhalb spezifischer Territorien, sondern an den konkreten, aber heterogenen und dynamischen Orten und dem Zusammenspiel der unterschiedlichen Aktivitäten, die Räume (re-)konstruieren.

Fabian Kessl • Christian Reutlinger (Hrsg.)

Urbane Spielräume

Bildung und Stadtentwicklung

 Springer VS

Herausgeber
Fabian Kessl,
Universität Duisburg-Essen, Deutschland

Christian Reutlinger,
FHS St. Gallen, Schweiz

Der vorliegende Band entstand im Rahmen der wissenschaftlichen Prozessbegleitung des Programms Spielraum der Deutschen Kinder- und Jugendstiftung gemeinnützige GmbH (DKJS).

ISBN 978-3-531-17756-4   ISBN 978-3-531-94082-3 (eBook)
DOI 10.1007/978-3-531-94082-3

Die Deutsche Nationalbibliothek verzeichnet diese Publikation in der Deutschen National-bibliografie; detaillierte bibliografische Daten sind im Internet über http://dnb.d-nb.de abrufbar.

Springer VS

Einbandabbildung: © Deutsche Kinder- und Jugendstiftung

Gedruckt auf säurefreiem und chlorfrei gebleichtem Papier

Springer VS ist eine Marke von Springer DE. Springer DE ist Teil der Fachverlagsgruppe Springer Science+Business Media
www.springer-vs.de

Inhalt

Fabian Kessl | Christian Reutlinger

Urbane Spielräume:
Bildung und Stadtentwicklung – Einleitung

1 Bildung und Stadtentwicklung

Bildung und Stadtentwicklung als zwei systematisch miteinander in Beziehung stehende Prozesse zu betrachten, ist noch immer die Ausnahme. Das symbolisiert bereits die administrative wie disziplinäre Zuordnung der entsprechenden Politik- und Forschungsfelder im deutschsprachigen Raum: Während die Bildungspolitik zumeist in einem eigenen Ressort oder in gemeinsamen Ressorts mit der Forschungs- oder immer wieder auch der Jugend-, Familien- und Sozialpolitik verortet wird, findet sich die Stadtentwicklung zumeist als Bestandteil der Ressorts, die für Fragen der baulichen Infrastruktur verantwortlich zeichnen. Dies lässt sich ebenso an der aktuellen Zuschneidung der Bundesressorts für den bundesdeutschen Kontext zeigen (*Bundesministerium für Bildung und Forschung* und *Bundesministerium für Verkehr, Bau und Stadtentwicklung*) wie an der Zuordnung des Bildungsbereichs im Schweizerischen Kontext, der auf der Bundesebene zum *Eidgenössischen Department des Inneren* gehört, gegenüber dem *Stadtentwicklungsbereich*, der einen Teil des *Eidgenössischen Departements für Umwelt, Verkehr, Energie und Kommunikation* darstellt. Parallel zu dieser administrativ-institutionellen Trennung vollziehen sich bislang auch die jeweiligen Fachdiskurse: Ausdruck hiervon sind die entsprechenden Fachbereichs- und Fakultätszuordnungen der Erziehungswissenschaft, der Bildungswissenschaften, der Sozialen Arbeit oder der Erziehungs- und Bildungssoziologie auf der einen und der Stadt- und Regionalentwicklung und der Architektur auf der anderen, und die entsprechenden disziplinären Kommunikationsstrukturen: Es existieren nicht nur eigene Fachzeitschriften und disziplinär getrennte Veröffentlichungsstrukturen, sondern auch Paralleldiskussionen, die jeweils in eigenen Verweisungs- bzw. Zitationszusammenhängen und der entsprechenden disziplinären Leserschaft verbleiben, ohne dass über diese disziplinären Grenzziehungen hinweg voneinander gegenseitig Notiz genommen würde.

Die unterschiedliche disziplinäre Lokalisierung von Studiengängen oder Professuren in erziehungs- und bildungswissenschaftlichen Fakultäten oder der Architektur und den Ingenieurwissenschaften scheint auch folgerichtig, solange man erziehungs- und bildungswissenschaftliche Fragen ausschließlich als Fragen nach der individuellen Entwicklung, den je subjektiven Bildungsprozessen und der (didaktischen) Ausgestaltung von Lehr-/Lernarrangements verhandelt – und auf der anderen Seite Fragen der Stadtentwicklung als Fragen der physisch-materiellen Gestaltung von Wohnumwelten, Freiräumen oder eines öffentlichen Nahverkehrsnetzes im urbanen Kontext. Dass dabei allerdings immer wieder dieselben Gegenstände in den Blick genommen werden, bleibt dann unberücksichtigt: Ein aktuelles Beispiel für solche Paralleldebatten sind die Diskussionen um die Frage der Notwendigkeit und Gestalt von Partizipation im urbanen Raum. In erziehungswissenschaftlichen, aber auch sozialpolitischen und jugendsoziologischen Diskussion werden Fragen der jugendlichen Aneignungspraxis, der sozialraumbezogenen Jugendbildung oder der Bewohneraktivierung ebenso bearbeitet wie in der Stadtentwicklungsdiskussion, wo diese aber eher unter den Überschriften von Beteiligungsverfahren oder baulicher Selbstorganisation verhandelt werden.

Diese parallele Perspektivität ist dabei aus unserer Sicht gar nicht als solche zu problematisieren, denn die Frage der Interdisziplinarität ist nicht ohne die Frage nach differenter Disziplinarität zu beantworten. Aber diese methodologische Dimension kann an dieser Stelle nur benannt werden. Für den vorliegenden Band erweist sich unserer Meinung nach die fehlende Auseinandersetzung über die administrative und disziplinäre Grenzziehung hinweg als eine Perspektivenverengung, die es gegenstandsbezogen immer wieder neu zu überwinden gilt. Das zeigt sich in der Parallelität von Bildungs- und Stadtentwicklungsdebatten dann, wenn Fragestellungen und damit die entsprechende Differenzierung von Politik- und Forschungsfeldern keine Sensibilität für den Zusammenhang von menschlicher Handlungsfähigkeit und baulicher Gestaltung und der damit verbundenen materiell-ökonomischen Formationen aufweisen (vgl. Lingg/Reutlinger 2012). Dass eine solche Multidimensionalität erforderlich ist, darauf können unterschiedliche urbane Entwicklungstendenzen und interdisziplinäre Vergewisserungsversuche in der jüngeren Vergangenheit aufmerksam machen: (1.) Zuerst – und eher prinzipiell – das simple Faktum, dass das 20. Jahrhundert ein Jahrhundert der Urbanisierung darstellt: Anfang des 20. Jahrhunderts lebten knapp 7 % der Weltbevölkerung in Städten, Anfang des 21. Jahrhunderts sind dies mehr als 50 %. Das heißt der urbane Raum stellt für die Mehrheit der Menschheit inzwischen auch den Kontext ihrer Selbstbildungsprozesse dar (Kessl/Reutlinger 2010b). Auf dieses Faktum weisen aber auch gesellschaftstheoretische Auseinandersetzungen hin, in denen die Relevanz des urbanen Raumes für die menschliche Entwicklung seit langem betont wird, die aber erst in den vergangenen Jahren eine breitere Rezeption erfahren: Ein Beispiel dafür sind die gegenwärtigen Diskussionen um die Arbeiten von Henri Lefebvre (vgl. Harvey 2012); (2.) konkreter dann aber die Tatsache, dass der jeweilige urbane

Kontext immens unterschiedliche Bildungsmöglichkeiten für die jeweiligen StadtbewohnerInnen eröffnet oder verhindert: Insbesondere die Großstädte im deutschsprachigen Raum sind am Beginn des 21. Jahrhunderts von einer deutlichen räumlichen Segregation, das heißt einer „disproportionale(n) Verteilung von Bevölkerungsgruppen über die städtischen Teilgebiete" (Friedrichs 1983: 217) gekennzeichnet – manche Autoren sprechen deshalb bereits seit längerem von gespaltenen Städten (Freyberg 1996: 93ff.; auch: Farwick 2011). Doch nicht nur intern stellen sich Großstädte als sozial stratifizierte Zusammenhänge dar, sondern auch zwischen den Städten bildet sich eine wachsende Ungleichheit aus: Das Ausmaß und die Gestalt der räumlichen Segregation urbaner Kontexte ist am Beginn des 21. Jahrhunderts regional höchst unterschiedlich, was wiederum die Bedingungen der Möglichkeit von Bildungsprozessen in hohem Maße beeinflusst; und (3.) schließlich die Wiederentdeckung der konstitutiven Verortung von Erziehungs- und Bildungsverhältnissen als ein grundlegendes Thema der pädagogischen und erziehungswissenschaftlichen Reflexionen (vgl. Böhme 2009; ausführlicher dazu: Kessl/Dirks 2012 und Reutlinger 2008).

Erste Versuche einer Vermittlung von Bildungs- und Stadtentwicklungsperspektiven stellen die Diskussion um eine integrierte oder „lernförderliche Stadtentwicklung" (Paul-Kohlhoff 2011: 143) dar: Durch massive Verstädterungstendenzen, Segregation und dem damit verbundenen erhöhten Wettbewerb (Bildung als relevanter Standortfaktor) wird hier, neben der Bedeutung der institutionellen Ausprägung des lokalen Bildungssystem, auch die Herausforderung ins Bewusstsein gerückt, dass „Stadt" als ein Lernort im umfassenden Sinne gestaltet werden kann, das heißt als förderlicher Zusammenhang für (informelle) Lern- und Bildungsprozesse (vgl. Leipzig Charta 2007). Die Verschränkung von Bildungs- und Stadtentwicklungsperspektive soll in diesen Diskussionen insbesondere über neue Berufsprofile, wie die eines „Quartiersmanagers" oder einer „Stadtteilarbeitenden" sichtbar gemacht werden. Damit scheint, folgt man den entsprechenden Programmen, die spezifische disziplinäre Herkunft der entsprechenden AkteurInnen ihre Relevanz zu verlieren und stattdessen das Selbstverständnis als vermittelnde Instanz („intermediär") zwischen den unterschiedlichen politisch-administrativen Ressorts, aber auch zwischen der Steuerungs- und der Ebene des Quartiers sowie die Arbeit mit beteiligungsorientierten Verfahren in den Fokus der Aufmerksamkeit gerückt zu werden. Ungeklärt ist allerdings bisher, ob hier tatsächlich ein inter- oder gar intra-disziplinäres Selbstverständnis aufgebaut werden kann, inwieweit hier tatsächlich eine Multidimensionalität, aber auch eine reflexive Haltung im Sinne der Inblicknahme der unterschiedlichen Interessens- und Machtstrukturen realisiert wird.

Gegenwärtig deutet einiges darauf hin, dass die Programme und Maßnahmen unter der Überschrift „Intermediarität" und „Bewohnerbeteiligung" eher im Kontext einer interessens- und machtunsensiblen Modernisierung der Kommunalverwaltung (Neue Steuerung) stehen, und die Frage der notwendigen baulichen Ausstattung in Bezug auf eine angemessene soziale Infrastruktur in allen Teilen der Stadt oder die Zugänglichkeit zu adäquaten Erziehungs- und Bildungsangeboten im urbanen Raum keine ausreichende Berücksichtigung finden.

Mit dem vorliegenden Band kann die notwendige Multidimensionalität von Bildung und Stadtentwicklung – angesichts der strukturellen Begrenzungen und tradierten Denkkulturen im deutschsprachigen Kontext – selbstverständlich nicht umfänglich realisiert werden. Die im folgenden dokumentierten Beiträge können aber, so die Hoffnung, die Bemühungen um eine angemessene Annäherung von Bildungs- und Stadtentwicklungsperspektiven mit befördern.

Der Anschluss an entsprechende Fachdiskussionen, zum Beispiel an die sozialraumbezogene soziale Bildungsarbeit oder eine partizipationsorientierte Stadtentwicklung wird an anderer Stelle zu leisten sein.

2 Urbane Spielräume

Der vorliegende Band ist im Anschluss an ein konkretes Bildungs- und Stadtentwicklungsprogramm entstanden, das unter dem Namen SPIELRAUM firmiert. In diesem Programm, das von der Deutschen Kinder- und Jugendstiftung (DKJS) initiiert wurde, ist die Annahme einer strukturellen Verwobenheit von Bildungs- und Stadtentwicklungsprozessen konstitutiv eingearbeitet. Es ist dabei von einem Fokus auf konkrete großstädtische Orte gekennzeichnet, deren bauliche (Neu- oder Um-)Gestaltung als Bewegungsräume für Jugendliche (z.B. Bolz-, Skater- oder Basketballplatz) den Ausgangspunkt der lokalen SPIELRAUM-Aktivitäten in Deutschland, Österreich und der Schweiz darstellt. Zugleich ist dieser physisch-materielle Entwicklungsfaktor von Beginn an mit der Konzipierung dieser Orte als Bildungsräume verbunden worden. Um dies zu gewährleisten, waren daher die Förderanträge an die DKJS nur im Tandem von politisch-administrativen und (sozial)pädagogischen AkteurInnen gemeinsam zu stellen. Die jeweilige (sozial)pädagogische Trägerorganisation (z.B. ein Anbieter von Angeboten der Kinder- und Jugendarbeit oder der Aufsuchenden Arbeit) zeichnet im konkreten Projektverlauf für eine entsprechende pädagogische Gestaltung und Entwicklung der Aktivitäten an und um den konkreten Ort verantwortlich, die lokal-administrativen AkteurInnen hatten die bauliche Gestaltung der Plätze zu verantworten.

In den Beiträgen dieses Bandes werden die Ergebnisse der wissenschaftlichen Prozessbegleitung des Entwicklungsprogramms SPIELRAUM vorgestellt. Damit wird ein Reflexionsrahmen skizziert, der unter Berücksichtung aller Akteursperspektiven ausgearbeitet wurde. Verantwortet werden die vorgestellten Ergebnisse allerdings von den Evaluatoren.

Das Programm SPIELRAUM wurde von der DKJS im Jahr 2009 in Kooperation mit dem Sportartikelhersteller Nike implementiert und und an den fünf deutschsprachigen Standorten Berlin, Frankfurt a.M., Hamburg, Wien und Zürich in Zusammenarbeit mit den entsprechenden lokalen Partnern ((sozial)pädagogisch und politisch-administrativ) umgesetzt.

In der Selbstbeschreibung charakterisiert die DKJS das Programm in folgender Weise: „SPIELRAUM fördert Initiativen, die ungenutzte Plätze gemeinsam mit jungen Menschen in lebenswertere Orte verwandeln – für Teamsport und persönliche Entfaltung. Das Programm nutzt dabei die Chancen von Sport als einen von Jugendlichen akzeptierten Zugang der Jugendsozialarbeit. Idealerweise helfen alle dabei mit: Eltern, Nachbarn und alle anderen, die Jugendliche fördern können" (www.spielraum-online.net/index.php?id=; Stand: 3. Januar 2012). Damit ist die erste zentrale Programmebene von SPIELRAUM benannt: Die Ebene der Jugendlichen und die auf dieser Ebene angestrebte Erweiterung ihrer Handlungskompetenzen, die vor allem durch ihre Beteiligung an der Platzgestaltung und der Realisierung von Bildungsprozessen am und um den Platz gelingen soll. Auf der Ebene zielt das Programm SPIELRAUM auf die nachhaltige Einbindung von erwachsenen Partnern, das heißt vor allem der beteiligten (sozial)pädagogischen Organisationen und der dort tätigen Professionellen. Hierbei setzt SPIELRAUM auf neue Vernetzungs- und Kooperationsformen, oder wie es in der Programmbeschreibung heißt: Es wird versucht, „Zuständigkeitsgrenzen zu überwinden und Verantwortungsgemeinschaften zu bilden. (…) Unterschiedliche Akteure wie Träger der Jugendarbeit, Eltern, Jugendamt, Schulen oder Sportvereine helfen dabei, dass aus einer unattraktiven Fläche ein sichtbarer, bekannter Ort und wichtiger Anlaufpunkt für junge Menschen aus der Nachbarschaft wird. Wo sie das machen können, was sie gern tun und die Unterstützung bekommen, die sie brauchen" (ebd.).

In Bezug auf die Anlage des Programms zeigt sich damit, dass SPIELRAUM nicht versucht, die beiden Aspekte der Bildung und der Stadtentwicklung ineinander zu überführen. Vielmehr wird versucht, durch die (Um- oder Neu-)Gestaltung eines Platzes und den Einbezug – potenzieller und/oder vorhandener – NutzerInnen Bildungsprozesse zu ermöglichen und möglichst bereits anzustoßen, in dem die NutzerInnen in den Gestaltungsprozess einbezogen werden. Das Programm will seinem Selbstverständnis nach also nicht *für* Kinder und Jugendliche etwas bewirken, sondern durch *deren Beteiligung* einen Entwicklungs- und Veränderungsprozess anstoßen. Als Aufhänger bzw. Zugang dienen in dem Programm die Bewegungsaktivitäten der Kinder und Jugendlichen, genauer: der Sport bzw. das Spiel.

Dabei betont das Programm SPIELRAUM allerdings, dass sich dieses, wie alle DKJS-Programme „auf die Förderung des Individuums (bezieht), aber nicht auf der individuellen Ebene (verbleibt), sondern auf die strukturelle Ebene zur Schaffung von Bildungsräumen (zielt)" (Streblow 2007: 179). Die wissenschaftliche Prozessbegleitung hat im Laufe ihrer Arbeit daher in der Diskussion mit den Programmverantwortlichen die Figur der Bildungsräume als konzeptionellen Fokus für SPIELRAUM konkretisiert und zu einem heuristischen Modell für die wissenschaftlichen Prozessbegleitung ausgearbeitet (vgl. den Beitrag zur „wissenschaftlichen Prozessbegleitung" in diesem Band). Inwieweit dieses auch zu einer analytischen Perspektive für die Sozialraum- wie Bildungslandschaftsdiskussionen insgesamt weiterentwickelt werden kann, muss an dieser Stelle offen bleiben, soll aber zumindest mit Verweis auf die entsprechenden Diskussionen kurz angedeutet werden.

In der deutschsprachigen Debatte um Soziale Arbeit ist seit den 1990er Jahren vor allem im bundesdeutschen Kontext von *Sozialraumorientierung* bzw. *sozialräumlicher Arbeit* die Rede (vgl. Kessl/Reutlinger 2010a), im Schnittfeld von Schulpädagogik und Sozialer Arbeit von so genannten *Bildungslandschaften* (Ganztagsschule und frühkindliche Bildung, vgl. Otto/Bollweg 2010) und in den pädagogischen Feldern insgesamt von *Bildungsräumen* (vgl. Kahl et al. 2010). Mehr und mehr werden damit Raumvorstellungen prominent. Inzwischen auch solche, die den Doppelcharakter von Raumbildung und Bildungsräumen von den räumlichen Praktiken aller an den Bildungsprozessen beteiligten AkteurInnen her zu denken versuchen. In diesem Sinne plädieren zum Beispiel Eckart Liebau et al. (1999: 9) dafür, „Räume nicht als „Behälter" (zu denken), in denen sich psychische und soziale Prozesse vollziehen; vielmehr konstituieren sich Räume und Prozesse wechselseitig, real und imaginär". Absolute Raumvorstellungen werden somit als unzureichend kritisiert. Statt nur davon auszugehen, dass die Dingwelt eine eigene unabhängige Wirkmächtigkeit habe, die die sozialen Prozesse wie einen Behälter umschließt und determiniert (z. B. das Schulzimmer, in welchem Bildungsprozesse stattfinden), wird nun zunehmend dafür argumentiert, die subjektiven Raumerfahrung und -wahrnehmungn bzw. die Veränderung der Raumbezüge und -kontexte – u.a. als Bestandteil einer teilweise hoch-technologisierten und mobilitätsorientierten Welt in den Blick zu nehmen (vgl. Tully 2009).

Im Konzept einer *Sozialraumforschung* und *Sozialraumarbeit* haben wir an anderer Stelle zentrale Elemente für eine sozialpädagogische Perspektive im Sinne eines relationalen Raumverständnisses vorgeschlagen (vgl. Kessl/Reutlinger 2008). Sozialraum meint dann, gegebene Räume immer auch als Ergebnis sozialer Aktion zu verstehen, also „selbst (als) das Ergebnis sozialer Prozesse, das heißt als ständig (re)produzierte(s) Gewebe sozialer Praktiken" (Kessl/Reut-

linger 2010a: 21). Bildungsräume als Settings, die die Gestaltung von Bildungsorten und die Realisierung von spezifischen Bildungsarrangements in ihrer jeweiligen Verwiesenheit umfassen, stellen somit ein spezifisches Modell von
Sozialräumen dar.

3 Die wissenschaftliche Prozessbegleitung des Programms SPIELRAUM

Die wissenschaftliche Projektbegleitung des Projektes SPIELRAUM wurde
durch das Institut für Soziale Arbeit der FHS St. Gallen (IFSA) und das Institut für Soziale Arbeit und Sozialpolitik an der Universität Duisburg-Essen
gemeinsam durchgeführt. Sie war dabei in einen größeren Forschungs- und
Entwicklungszusammenhang im Bereich der Sozialraumforschung und Sozialraumarbeit eingebettet. Am IFSA ist das Kompetenzzentrum „Soziale Räume"
angesiedelt, in welchem aktuell in einem transdisziplinären Forschungsteam diverse Praxisprojekte evaluiert und sozialräumliche Modelle entwickelt werden.
Dasselbe gilt für laufende Projekte am Institut für Soziale Arbeit und Sozialpolitik der Universität Duisburg-Essen: „Sozialraumforschung" stellt hier einen der
Forschungsschwerpunkte dar.

Im Sinne der Bestimmung von Evaluation als Analyse, Interpretation und
Bewertung pädagogischer und sozialer Projekte und Programme und mit dem
Ziel, diese systematisch weiter zu entwickeln (Schröder/Kohle 2007: 17), war
die wissenschaftliche Prozessbegleitung auf die systematische Unterstützung
der reflexiven Weiterentwicklung von SPIELRAUM ausgerichtet. Wissenschaftliche Prozessbegleitung wurde damit in einem weiten Sinne verstanden:
Sie ist mehr als eine Form der Legitimation von Praxis durch Wissenschaft. Die
wissenschaftliche Prozessbegleitung übernimmt vielmehr eine wichtige Funk-
tion, praktische Erfahrungen zu reflektieren, zu systematisieren und in Bezug
zu vorliegenden theoretischen Konzepten zu setzen. Damit muss sie sich auf
die normative, konzeptionelle und organisatorische Projektlogik einlassen, und
sich dabei zugleich durch einen eigenen Standpunkt auszeichnen. Insofern ist
die wissenschaftliche Prozessbegleitung Teil eines prozessualen Qualitätsma-
nagements und hat nicht erst am Ende einer vollzogenen Implementationsphase
über die Ergebnisse zu urteilen (vgl. Bayer/Reutlinger 2006; 2007). Außerdem
wurde die wissenschaftliche Prozessbegleitung als ein dialogisches Qualitätsinstrument (Streblow 2007: 165ff.) im Sinne einer mitagierenden Sozialforschung (vgl. Reutlinger 2003) arrangiert. Diese dialogische und mitagierende
Anlage der wissenschaftlichen Prozessbegleitung findet daher auch in der for-

schungsmethodischen Organisation des Projekts ihren Niederschlag (vgl. den Beitrag zur „wissenschaftlichen Prozessbegleitung" in diesem Band).

Aus finanziellen und forschungspragmatischen Gründen wurde zwischen der DKJS und den Evaluatoren in Bezug auf das Sample vereinbart, lediglich drei der fünf SPIELRAUM-Standorte in den gesamten Verlauf der wissenschaftlichen Prozessbegleitung einzubeziehen. Als Untersuchungsstandorte wurden Berlin, Wien und Zürich ausgewählt, um alle drei Länderkontexte in der Evaluation zu repräsentieren und zugleich einen maximalen Kontrast in der Platznutzungs- und der Projektträgerstruktur zu gewährleisten.

Um eine solche umfängliche international angelegte Evaluation an drei Projektstandorten unter den vorgegebenen Rahmenbedingungen zu ermöglichen, wurde außerdem vereinbart, die Feldphasen von drei Lehrforschungsgruppen aus Duisburg-Essen und St. Gallen durchführen zu lassen.

Mit dieser Entscheidung wurde es allerdings auch notwendig, den Evaluationsprozess nicht nur als Forschungs-, sondern auch als forschenden Lernprozess für die Studierenden zu gestalten. Daher mussten Abstriche in Bezug auf den Umfang von Datenerhebung und -auswertung hingenommen werden. Dies zeigt sich vor allem hinsichtlich der grundlegenden Heuristik der Bildungsräume, deren Dimensionen nicht umfänglich in die empirische Untersuchung einbezogen werden konnten.

Die damit realisierte Schwerpunktsetzung spiegelt sich auch in der Auswahl der Beiträge des vorliegenden Bandes wieder. Zur systematischen Kontextualisierung wurden die Darstellungen der empirischen Ergebnisse und Analysen um zusätzliche theoretische Hinweise ergänzt.

Die wissenschaftliche Prozessbegleitung von SPIELRAUM war nur möglich, weil die MitarbeiterInnen in den lokalen Projektteams an den fünf SPIELRAUM-Standorten die Evaluation unterstützt haben. Dafür möchten wir Ihnen an dieser Stelle ganz ausdrücklich danken. Danken wollen wir aber auch der DKJS-Programmleitung in Berlin und den Kolleginnen in der Fachstelle Evaluation und Qualitätssicherung für die gute und offene Zusammenarbeit im gemeinsam geschaffenen „reflexiven Dialograum".

An der Durchführung der Evaluation haben vor allem im Prozess der Datenerhebung und -auswertung die Studierenden in den drei Lehrforschungsgruppen an der FHS St.Gallen und der Universität Duisburg-Essen ganz entscheidenden Anteil. Daher sei Ihnen genau so herzlich gedankt, wie den KollegInnen Caroline Fritsche, Matthias Glättli, Nadine Günnewig, Eva Lingg, Ulrike Hüllemann und Christine Windisch für ihre Mitarbeit in den unterschiedlichsten Phasen der Evaluation.

Nicht zuletzt danken wir Stefanie Laux und Cori Mackrodt von Springer VS, die auch die Herstellung dieses Bandes in unserer Springer VS-Buchreihe „Sozialraumforschung und Sozialraumarbeit" wieder ermöglichend und unterstützend begleitet haben.

Essen und Rorschach im Mai 2012,
Fabian Kessl und Christian Reutlinger

Literaturverzeichnis

Bauer, Ullrich/Bittlingmayer, Uwe/Scherr, Albert (Hrsg.) (2012): Handbuch Bildungs- und Erziehungssoziologie. Wiesbaden: VS Verlag für Sozialwissenschaften: 507–525.

Bayer, Michael/Reutlinger, Christian (2006): Die Kluft zwischen Leitbild und Praxis überbrücken. In: Caritas (2006): 18–20.

Bayer, Michael/Reutlinger, Christian (2007): Wissenschaftliche Begleitung als reflektierende Praxis. In: Gerstner et al. (2007): 215–221.

Bergmann, Malte/Lange, Bastian (2011): Eigensinnige Geographien. Städtische Raumaneignungen als Ausdruck gesellschaftlicher Teilhabe. Wiesbaden: VS Verlag für Sozialwissenschaften.

Böhme, Jeanette (2009a): Schularchitektur im interdisziplinären Diskurs. Territorialisierungskrise und Gestaltungsperspektiven des schulischen Bildungsraums. In: Böhme (2009): 13–22.

Böhme, Jeanette (Hrsg.) (2009b): Schularchitektur im interdisziplinären Diskurs. Territorialisierungskrise und Gestaltungsperspektiven des schulischen Bildungsraums. Wiesbaden: VS Verlag für Sozialwissenschaften.

Bollweg, Petra/Otto, Hans-Uwe (Hrsg.) (2011): Räume flexibler Bildung. Bildungslandschaft in der Diskussion. Wiesbaden: VS Verlag für Sozialwissenschaften.

Caritas (Hrsg.) (2006): Neue Caritas 107. Freiburg im Breisgau.

Dirks, Sebastian/Kessl, Fabian (2012): Räumlichkeit in Erziehungs- und Bildungsverhältnissen. In: Bauer et al. (2012): 507–525

Farwick, Andreas (2011): Gespaltene Gesellschaft – gespaltene Stadt? Zur Problematik der sozialen Segregation in NRW. http://www.ils-forschung.de/down/gespaltene_solidarische_Stadt.pdf. 15. November 2011.

Freyberg, Thomas von (1996): Der gespaltene Fortschritt. Zur städtischen Modernisierung am Beispiel Frankfurt am Main. Frankfurt/Main/New York: Campus-Verlag.

Friedrichs, Jürgen (1983): Stadtanalyse. Soziale und räumliche Organisation der Gesellschaft. Opladen: Westdeutscher Verlag.

Gerstner, Wolfgang/Kniffki, Johannes/Reutlinger, Christian/Zychlinski, Jan (Hrsg.) (2007): Deutschland als Entwicklungsland. Transnationale Perspektiven sozialräumlichen Arbeitens. „caritas international – Brennpunkte". Freiburg im Breisgau: Lambertus.

Günzel, Stephan (Hrsg.) (2010b): Raum. Ein interdisziplinäres Handbuch. Stuttgart, Weimar: Metzler.

Günzel, Stephan (Hrsg.) (2008): Raumwissenschaften. Frankfurt/Main: Suhrkamp.

Harvey, David (2012): Rebel cities. From the right to the city to the urban revolution. New York: Verso.

Kahl, Reinhard (2010): Bildungsräume in Bewegung. Perspektiven aus Wissenschaft, Wirtschaft und Praxis. Gütersloh: Bertelsmann.

Kessl, Fabian/Reutlinger, Christian (2010b): Ökonomischer Raum: Megacities und Globalisierung. In: Günzel (2010b): 145–161.

Kessl, Fabian/Reutlinger, Christian (Hrsg.) (2010): Sozialraum. Eine Einführung. Wiesbaden: VS Verlag für Sozialwissenschaften. 2. Auflage.

Leipzig Charta (2007): Leipzig Charta zur nachhaltigen europäischen Stadt. Angenommen anlässlich des Informellen Ministertreffens zur Stadtentwicklung und zum territorialen Zusammenhalt in Leipzig am 24./25. Mai 2007. http://www.nationale-stadtentwicklungspolitik.de/cln_032/nn_251602/Content/Publikationen/NSP/leipzig _charta_zur_nachhaltigen_europaeischen_stadt,templateId=raw,property=publicat ionFile.pdf/leipzig_charta_zur_nachhaltigen_europaeischen_stadt.pdf. 24. Februar 2012.

Reutlinger, Christian (2003): Jugend, Stadt und Raum. Sozialgeographische Grundlagen einer Sozialpädagogik des Jugendalters. Opladen: Leske + Budrich.

Reutlinger, Christian (2008): Erziehungswissenschaft. In: Günzel (2008): 93–108.

Reutlinger, Christian/Lingg, Eva: Innovativer Campus? Nicht nur eine Frage der Gestaltung gebauter Umwelt. Editorial: Zusammenarbeit in der Hochschule – Lernräume, Bauten und Campusplanung. In: Zeitschrift für Hochschulentwicklung 7.1.2012: 71–76.

Schröder, Ute B./Kohle, Volker (2007): Evaluation – „Handwerkzeut" pädagogischer und sozialer Praxis. Ein Einstieg. In: Schröder; Streblow (2007): 13–33.

Schröder, Ute B./Streblow, Claudia (Hrsg.) (2007): Evaluation konkret. Fremd- und Selbstevaluationsansätze anhand von Beispielen aus Jugendarbeit und Schule. Opladen: Barbara Budrich.

Streblow, Claudia (2007): Dialogorientierte Evaluation. Beispiele und Thesen aus der Arbeit der Deutschen Kinder- und Jugendstiftung. In: Schröder; Streblow (2007): 165–182.

Tully, Claus J. (Hrsg.) (2009): Multilokalität und Vernetzung. Beiträge zur technikbasierten Gestaltung jugendlicher Sozialräume. Weinheim/München: Juventa-Verlag.

Fabian Kessl | Christian Reutlinger

Spielraum – fünf Vergewisserungen

Die Deutsche Kinder- und Jugendstiftung fördert Programme und Projekte in vier Themenbereichen: „Kita und Schule gestalten", „Bildungspartner vernetzen", „Perspektiven schaffen" und „Verantwortung wagen". Im letztgenannten Bereich werden Projekte unterstützt, die es Kindern und Jugendlichen ermöglichen „ihre Lebenswelt selbst mitzugestalten" (http://www.dkjs.de/programme. html). Auch das Programm SPIELRAUM, welches als Kooperation zwischen der DKJS und dem Sportartikelhersteller Nike arrangiert ist, wird von der DKJS in diesem Themenbereich verortet. Schon der Name des Programms markiert, worum es programmatisch gehen soll: um den Aufbau und die Erweiterung von kindlichen und jugendlichen, aber auch professionellen Handlungs*spielräumen*.[1] Was damit genau gemeint ist, weist die Programmbeschreibung folgendermaßen aus: Es gehe darum

▪ öffentliche Plätze unter Beteiligung von Kindern und Jugendlichen in „lebenswertere Orte zu verwandeln – für Teamsport und persönliche Entfaltung",

▪ Handlungsmöglichkeiten bei den beteiligten Kindern und Jugendlichen zu erweitern, sowie neue Netzwerke auf Seiten der professionellen Akteure (Kinder- und Jugendarbeit) zu unterstützen und

▪ über die Kinderanimation, d. h. das „Bespielen" und Gestalten von Plätzen, neue professionelle und nachbarschaftliche Kooperations-Strukturen anzuregen, Quartiersentwicklungsprozesse zu initiieren und der Abwärtsspirale benachteiligter Stadtteile entgegenzuwirken.

Mit diesen Zielvorgaben reiht sich das Programm in eine breitere Diskussion um die Bereitstellung und Gestaltung von urbanen Spielräumen ein. Leitend ist hierbei zumeist die Forderung: *Mehr Spielräume für Kinder und Jugendliche im städtischen Raum!* Soweit entsprechende systematische Erkenntnisse dazu vorliegen erweist sich diese Forderung auch als evident. Doch: Was bedeutet diese

---

1 Die zweite zentrale Ebene des Programms SPIELRAUM ist die Ebene der Handlungs- und Vernetzungsräume der erwachsenen AkteurInnen, das heißt der beteiligten Träger (vgl. Beitrag zu den „Professionellen Vernetzungsräumen" in diesem Band).

Forderung nach (mehr) urbanen Spielräumen für Kinder und Jugendliche – was ist damit, je nach Zeit und Kontext gemeint?

Anders gefragt: Wie verändern sich die Kontextbedingungen und somit auch die Handlungsmöglichkeiten für Kinder und Jugendliche und welche Konsequenzen ergeben sich aus deren Analyse für die Ausgestaltung der Kinder- und Jugendarbeit, die lokal für einen der Plätze verantwortlich zeichnet?

Noch grundsätzlicher stellen sich Fragen danach, was ein Spielraum überhaupt meint: irgendeinen Ort zum Spielen für Kinder und Jugendliche im öffentlichen städtischen Raum, einen exklusiv fürs Spiel der Kinder und Jugendlichen reservierten Ort, einen geschützten Bereich, also einen Ort, der frei ist von Verkehrs- und Lärmbelastungen oder einen Ort, der (auch) einen ermöglichenden Rahmen für die Entwicklungs- und Lernaufgaben von Kindern und Jugendlichen anbietet?

Im Folgenden werden diese Fragen noch nicht in Bezug auf die konkreten Entwicklungen und Situationen an den unterschiedlichen SPIELRAUM-Plätzen beantwortet. Dies kann erst auf Basis der empirischen Befunde in den anderen Beiträgen des vorliegenden Bandes geschehen. Im weiteren Text werden stattdessen vor dem Hintergrund anderer Forschungsbefunde fünf grundsätzliche Vergewisserungen unternommen, um die anschließenden empirischen Befunde in Bezug auf das Programm SPIELRAUM angemessen zu rahmen.

Vergewisserung 1	Spielraum als Lebensraum von Kindern und Jugendlichen

Der Begriff „Spielraum" wurde von der Psychologin Martha Muchow (1892-1933) in die sozialräumliche Kindheitsforschung eingebracht und diente ihr vor allem dazu, die subjektiven Perspektiven kindlichen Raum(er)lebens als konstitutiv zu markieren : Spielraum meint hier also den spezifischen Kontext, die Lebenswelt eines oder mehrerer Kinder und Jugendlichen: „Man muß, um sich mit dem Kinde verständigen zu können, nicht nur wissen, wie das Kind in der Welt lebt, sondern man muß auch wissen, in welcher Welt es lebt" (Martha Muchow 1932(a): 391 zit. nach Muchow/Muchow 1998 [1935]: 42).

Der jeweilige Spielraum umfasst für Muchow daher das nahräumliche „Spielgebiet", d.h. die Orte, die das Kind alltäglich frequentiert. Zusammen mit dem Streifraum, d.h. denjenigen Orten, die das Kind außerhalb des Wohngebäudes selbständig, ohne die Kontrolle Erwachsener und unregelmäßig aufsucht, bildet der Spielraum den so genannten Lebensraum. In ihrer im Hamburger Arbeiterquartier Barmbek in reformpädagogischer Tradition durchgeführten Studie *Der Lebensraum des Großstadtkindes*, wies Muchow darauf hin, dass sich die Lebensräume der Kinder heterogen darstellen und sich nach „Lebensalter, Geschlecht, Begabung und Bildungsgrad sowie nach dem Grade ihrer ‚Seßhaftigkeit' oder ‚Bewegung'" usw. unterscheiden (Muchow/Muchow 1998 [1935]: 147).

Bereits an diesen frühen Hinweisen zu einer systematischen Bestimmung des Begriffs „Spielraum" wird deutlich, dass dieser in den Fachdiskussionen zumeist in Bezug auf Kindheit Verwendung findet. Spielräume sind dann Orte für Kinder und Räume von Kindern. Auf den ersten Blick könnte daher die entsprechende Überschreibung und somit Kategorisierung des DKJS-Programms irritieren, denn die Ergebnisse der wissenschaftlichen Prozessbegleitung zeigen deutlich, dass die NutzerInnengruppen der fünf Plätze in Deutschland, Österreich und der Schweiz mehrheitlich aus Jugendlichen bestehen (vgl. Beitrag zu den „Handlungs- und Spielräumen der Kinder und Jugendlichen" in diesem Band). Doch auf den zweiten Blick lässt sich die Entscheidung der DKJS für die Betitelung des Programms als „Programm SPIELRAUM" auch als bewusste Erweiterung des Spielraum-Begriffs auf das Jugendalter lesen. Von Spielraum im Anschluss an Muchow/Muchow zu sprechen, hieße dann, die schon von ihnen aufgezeigte Praxis von Kindern, den öffentlichen Raum in Großstädten als eigenen Lebensraum anzueignen, auch auf die Praxis von Jugendlichen zu übertragen. Für die Legitimation einer solchen begriffs-konzeptionellen Erweiterung lässt sich auch auf die Befunde zur Diffusion der lange Zeit getrennt voneinander verhandelten Lebensalter von Kindheit und Jugend verweisen: Die eindeutig angenommene Trennlinie ist in dieser Weise inzwischen in der Kindheits- und Jugendforschung zunehmend in Frage gestellt und wird nicht zuletzt von Modellen des Übergangs abgelöst (vgl. Pohl/Stauber/Walther 2011).

| Vergewisserung 2 | Spielraum als sozialer Zusammenhang der Gleichaltrigengruppe |

Aufbauend auf die Erkenntnisse von Muchows Lebensraumstudie entwickelt die sozialräumliche Kindheitsforschung eine Tradition, die die Bedeutung von Spielräumen für die kindliche Entwicklung immer wieder herausarbeitet: Bezogen auf das städtische Umfeld ist hierbei zum Beispiel die Untersuchung zum „Großstadtkind" der Stadtforscherin Elisabeth Pfeil (1955) herauszustreichen. Pfeil betont neben der materiellen Dimension des Spielraums vor allem die Bedeutung des sozialen Zusammenhangs und der Gleichaltrigengruppe (Peer), was sie am Beispiel der „Kinderschaft" beschreibt: Eine „Kinderschaft grenzt sich gegen die andere Kinderschaft ab. Es kommt sogar vor, daß die Kinder der einen Straßenseite sich gruppenhaft gegen die der anderen abschließen. Sie („die

Straße") wird der Raum für alle Spiele, Klicker- oder Murmelspiel, Hopse, Himmel und Hölle bis zu den Ball- und Tobespielen der Größeren (...) Neben der Wohnstraße sind es der Kinderspielplatz, der Park und das Grundstück, entweder als Baulücke oder als Ruinengrundstück, die von den Kindern auf diese Weise genutzt werden" (Pfeil 1955: 20).

Ein Spielraum stellt somit bereits in der Denktradition von Pfeil mehr als nur das Klettergerüst, die Halfpipe oder das Fußballfeld dar.

Obwohl nun das Programm SPIELRAUM gerade die *bauliche* Aufwertung der einzelnen Plätze in den Mittelpunkt seiner Förderstrategie stellt, ist damit dennoch keine Reduzierung auf die materielle Ausstattung der Plätze verbunden. Darauf weist vor allem die Programmstrategie hin, die jeweilige Förderung durch die DKJS an die Zusage einer pädagogischen Arbeit durch mindestens einen lokalen Träger zu binden. Dies sollte sowohl die Beteiligung der Kinder und Jugendlichen an der baulichen Gestaltung der Plätze als auch die Sicherung ihres Zugangs und ihrer Nutzungsmöglichkeit gewährleisten.

Vor diesem Hintergrund bleibt das Austarieren zwischen professioneller Intervention und jugendlicher Selbstorganisation in der Gleichaltrigengruppe allerdings eine kontinuierliche Aufgabe an jedem der SPIELRAUM-Plätze.

Vergewisserung 3 | Spielraum als Freiraum in der funktionalisierten Stadt

Gesellschaftliche Modernisierungsprozesse führen spätestens seit der Mitte des 20. Jahrhunderts zur *Institutionalisierung bzw. Verregelung der physisch-materiellen Welt* in der Stadt, so lautet die Ausgangsthese der sozialräumlichen Kindheits- und Jugendforschung (Reutlinger 2008). In ihrer Analyse der kindlichen Lebensverhältnisse zeichnen Helga und Hartmut Zeiher (1994) in ihrer Untersuchung über *Orte und Zeiten der Kinder* die zunehmende Spezialisierung und funktionale Trennung städtischer Teilräume nach. Die Funktionalisierung der öffentlichen Räume durch den (Auto-)Verkehr und den Warentausch führt ihrer Diagnose nach zur zunehmenden Verdrängung des kindlichen Spiels von der Straße. Durch diese Entwicklungen würden Kinder häufig in Binnenräume, wie private Wohnungen und halböffentliche Räume abgedrängt, d.h. die Gestaltung des öffentlichen Raums werde zunehmend an den für Erwachsene relevanten Funktionen orientiert, wie Lothar Böhnisch (1999: 128) im Anschluss an Zeiher/Zeiher zusammenfasst: „Die moderne Funktionalisierung der räumlichen Wohnumwelt erweist sich gegenüber den Kindern in mehrfacher Weise als hemmend: Es ist die Durchgängigkeit, mit der die Räume inzwischen funktionalisiert sind: aus Hofeinfahrten sind Garageneinfahrten geworden, Gehsteige und öffentliche Plätze lassen inzwischen nur monofunktionale Nutzung zu, die eher

den Erwachsenen zukommen, Spielplätze sind nach der funktionalen Raumkal-
kulation und nicht nach dem Raumbedarf der Kinder eingerichtet und erhalten
so den Charakter von Reservaten".
Die Wiedererschließung von Spielräumen im urbanen Kontext ist daher die
Grundvoraussetzung für eine kinder- und jugendgerechte Stadtentwicklung.
Areale, wie die SPIELRÄUME in Hamburg, Wien oder Zürich, die mit Unterstützung der DKJS von den Kindern und Jugendlichen gemeinsam mit den lokalen Trägern der Kinder- und Jugendarbeit erschlossen wurden, können insofern als Gegenpol zur Funktionalisierung der städtischen Lebenswelten gelesen
werden.

| Vergewisserung 4 | Spielraum als Spielgebiet und optimal gestaltete Kinder(um)welt |

Forderungen nach „kinderfreundlichen Wohnumwelten", „Kinderöffentlichkei-
ten" (Harms u.a. 1984; 1988), einer „bespielbare(n) Stadt" (Meyer 2009) oder
der „Durchspielbarkeit der Stadt" (von der Haar 2004) setzen an der aufgezeig-
ten Diagnose einer Funktionalisierungsdynamik in der Stadtentwicklung an und
betonen demgegenüber die Relevanz des Kindes mit seinen Bedürfnissen nach
Spiel und Bewegung. Hans-Peter Barz (2003: 16) fordert in diesem Sinne zum
Beispiel einen „Spielraum für alle": „Unsere Stadt – unsere Gesellschaft muss
generell kinderfreundlich werden. (...) Denn: Was gut ist für die Kinder, ist gut
für uns alle!". Ansatzpunkt einer solchen Perspektive ist das kindliche Spiel. Die
Reichweite einer solchen Positionierung wird fachlich allerdings auch kontrovers diskutiert: Soll damit die ganze Stadt oder das ganze Dorf als Kinderspielplatz betrachtet und entsprechend gestaltet, „ein zonierter, fest-verorteter Kin-
der-Spielraum" mit klaren Kinder(vor)rechten eingerichtet (Deinet 2009: 105;
kritisch dazu Fritz 1992) oder mobile Spielstrukturen vorgehalten werden (vgl.
Mayrhofer/Zacharias 1973; Grüneisl/Knecht/Zacharias 2001)? Allen drei An-
sätzen unterliegt allerdings die gemeinsame Annahme, dass das „Spielen als
wichtige Erfahrungsform bedroht" und deshalb die Frage zu beantworten ist,
„wie wir als Spielplaner und Spielpädagogen darauf reagieren können" (Zacharias 2003, o.S.).
    Insofern lassen sich Spielräume nicht nur als Gegenpol zur Funktionalisie-
rung der Großstädte verstehen, sondern auch sie selbst sollten wiederum nicht
monofunktional arrangiert werden. Die Bemühung, die lokalen SPIELRÄUME
so anzulegen, dass ihre multifunktionale Nutzungsweise baulich ermöglicht
wird, ist in allen untersuchten Programmstandorten nachweisbar. Gleichzeitig weisen die konkreten Nutzungsweisen der Kinder und Jugendlichen an al-

len Plätzen darauf hin, dass mit der baulichen Ermöglichung von Mehrfachnutzung die Gefahr einer monofunktionalen Nutzung keineswegs ausgeschlossen ist. Weder sind damit Dominanzverhältnisse auf dem Platz zwischen einzelnen Nutzergruppen zu verhindern, noch die Spontaneität des Spieles festlegbar. Die bauliche Ausweisung von bestimmten Arealen als Spielräume birgt auch noch eine weitere Gefahr: Spielen, insbesondere das Spiel von Kindern und Jugendlichen, ist kulturell als Gegenbild zur Arbeit, und damit dem „Ernst des Lebens", konnotiert: „Man betont entweder die Notwendigkeit eines autonomen Spielraumes für die tätige Eroberung der Welt im hier und jetzt oder man setzt den Akzent auf eine möglichst intensive Vorbereitung auf ein gelingendes Erwachsenenleben" (Lange 2000a: 212). Die Etablierung von Spielräumen in so genannten benachteiligten Wohngebieten führt daher für die verantwortlichen AkteurInnen in eine paradoxe Situation: Einerseits sind solche Initiativen vor dem Hintergrund der häufig mangelnden infrastrukturellen Ausstattung eine dringende Notwendigkeit; andererseits sollten sie nicht darüber hinwegtäuschen, dass Spielräume nur einen Bestandteil der defizitären Infrastruktur darstellen – und somit keine Substitution für die fehlenden kulturellen und sozialen Teilhabemöglichkeiten bereitstellen können, nicht zuletzt im Bereich des Arbeitsmarktes.

Vergewisserung 5 | **Spielräume als Optionsräume individuellen Handelns**

Mit Verweis auf die konstitutive Verknüpfung von individuellen Möglichkeiten mit den „objektiven" äußeren Lebensumständen werden – in der Tradition der Lebenslagenforschung – die Lebenslagen der AkteurInnen als Spielräume aufgeschlossen. Ihre sehr unterschiedliche Ressourcenausstattung, so die zentrale Annahme, macht sie zu je individuellen Optionsräumen für die Kinder und Jugendlichen: Sie ermöglichen oder begrenzen entsprechend deren Teilhabemöglichkeiten.

Hans Rudolf Leu (2002) greift in seiner Typologie der Spielräume das Lebenslagenkonzept von Nahnsen (1975) wieder auf, indem er relevante Spielräume markiert: zum Beispiel den Einkommensspielraum, den Lernspielraum und den Kontaktspielraum. Gleichzeitig differenziert Leu (2002: 22ff.) seine Typologie der Spielräume in Anlehnung an das sozialökologische Sozialisationskonzept in individuelle, familiale, institutionelle Ressourcen und Ressourcen im sozialen Umfeld.

Spielraum heißt damit, die Lebenswelten der Kinder und Jugendlichen in ihrer Ganzheit, hinsichtlich ihrer materiellen wie sozialräumlichen Dimensionen wahrzunehmen. Dies verweist zugleich darauf, dass ein ausschließlich territoriales Verständnis von Spielräumen zu kurz greift. Spielräume umfassen die materielle, das heißt die bauliche und ökonomische, *wie* die soziale, die kulturelle und politische Dimension. In der wissenschaftlichen Prozessbegleitung des Programms SPIELRAUM wurde diesem Sachverhalt dadurch gerecht zu werden versucht, dass die analytische Perspektive im theorie-konzeptionellen Modell der Spielräume als Bildungsräume multi-dimensional gefasst wurde (vgl. den nachfolgenden Beitrag in diesem Band).

Literaturverzeichnis

Agde, Georg/Degünther, Henriette/Hünnekes, Annette (Hrsg.) (2003): Spielplätze und Freiräume zum Spielen. Ein Handbuch für die Praxis. Berlin: Beuth.

Barz, Hans-Peter (2003): Spielraum für alle? In: Agde et al. (2003): 11–16.

Berufsverband, Deutscher Psychologen (Hrsg.) (1962): Psychologische Rundschau Band 13: Dr. C. J. Hogrefe.

Böhnisch, Lothar (1999): Sozialpädagogik der Lebensalter. Eine Einführung. Weinheim/München: Juventa-Verlag.

Deinet, Ulrich (2009): Betreten erlaubt! Projekte gegen die Verdrängung Jugendlicher aus dem öffentlichen Raum. Soziale Arbeit und sozialer Raum Band 1. Opladen: Barbara Budrich.

Deutsche Kinder- und Jugendstiftung (2012): Programme. http://www.dkjs.de/programme.html. 15. Mai 2012.

Fritz, Jürgen (1992): Spielzeugwelten. Eine Einführung in die Pädagogik der Spielmittel. Grundlagentexte soziale Berufe. Weinheim: Juventa-Verlag.

Grundmann, Matthias (Hrsg.) (2000): Sozialökologische Sozialisationsforschung. Ein anwendungsorientiertes Lehr- und Studienbuch. Konstanz: Universitäts-Verlag.

Grüneisl, Gerd/Knecht, Gerhard/Zacharias, Wolfgang (2001): Mensch und Spiel. Der mobile „homo ludens" im digitalen Zeitalter, 2001 plus. Unna: LKD-Verlag.

Grüneisl, Gerd/Zacharias, Wolfgang (2002): 30 Jahre Spiel & Kultur mobil in München. Spiel- und kulturpädagogisches Lesebuch Band 5. München: Stadtjugendamt.

Harms, Gerd/Preissing, Christa (1988a): Kinderöffentlichkeit und Strassensozialisation. In: Harms; Preissing (1988): 91–107.

Harms, Gerd/Preissing, Christa (Hrsg.) (1988b): Kinderalltag. Beiträge zur Analyse der Veränderung von Kindheit. Berlin: FIPP-Verlag.

Harms, Gerd/Preissing, Christa/Richtermeier, Adolf (1984): Kinder und Jugendliche in der Großstadt. Berlin: Fortbildungsinstitut für die Pädagogische Praxis.

Lange, Andreas (2000a): Aufwachsen in Zeiten der Unsicherheit. Kultur und Alltag im postmodernen Kinderleben. In: Lange; Lauterbach (2000b): 209–240.

Lange, Andreas/Lauterbach, Wolfgang (2000b): Kinder in Familie und Gesellschaft zu Beginn des 21sten Jahrhunderts. Der Mensch als soziales und personales Wesen Band 18. Stuttgart: Lucius & Lucius.

Lange, Andreas/Lauterbach, Wolfgang (Hrsg.) (2000b): Kinder in Familie und Gesellschaft zu Beginn des 21sten Jahrhunderts. Der Mensch als soziales und personales Wesen Band 18. Stuttgart: Lucius & Lucius.

Leu, Hans Rudolf (2002): Sozialberichterstattung zu Lebenslagen von Kindern. DJI-Reihe Kinder Band 11. Opladen: Leske + Budrich.

Mayrhofer, Hans/Zacharias, Wolfgang (1973): Mal mit uns, spiel mit uns. Malspiele für grosse und kleine Kindergruppen. Ravensburg: Maier.

Meyer, Bernhard (2009): Die bespielbare Stadt. Die Rückeroberung des öffentlichen Raumes. Aachen: Shaker.

Muchow, Martha/Muchow, Hans Heinrich/Zinnecker, Jürgen (1998): Der Lebensraum des Großstadtkindes. Kindheiten Band 12. Weinheim: Juventa Verlag.

Nahnsen, Ingeborg (1975): Bemerkungen zum Begriff und zur Geschichte des Arbeitsschutzes. In: Solms-Roedelheim; Osterland (1975): 145–166.

Otterstädt, Herbert (1962): Untersuchungen über den Spielraum von Vorortkindern einer mittleren Stadt. In: Berufsverband (1962): 275–287.

Pfeil, Elisabeth (1955): Das Großstadtkind. Bedrohte Jugend, drohende Jugend. Stuttgart Band 35. Stuttgart: Klett.

Pohl, Axel/Stauber, Barbara/Walther, Andreas (Hrsg.) (2011): Jugend als Akteurin sozialen Wandels. Veränderte Übergangsverläufe, strukturelle Barrieren und Bewältigungsstrategien. Weinheim: Juventa-Verlag.

Reutlinger, Christian: Der Blick in unsichtbare Rückzugswelten von Jugendlichen. Reflexionen zum öffentlichen Raum als Bildungs- und Aneingnungsraum. In: Sozial Aktuell. 11. 2008. 18–21.

Solms-Roedelheim, Max Ernst/Osterland, Martin (Hrsg.) (1975): Arbeitssituation, Lebenslage und Konfliktpotential. Festschrift für Max E. Graf zu Solms-Roedelheim Festschrift für Max E. Graf zu Solms-Roedelheim. Frankfurt am Main/Köln: Europäische Verlagsanstalt.

Tonucci, Francesco (1996): La ciudad de los niños. Un modo nuevo de pensar la ciudad. Buenos Aires: Losada.

Von der Haar, Regina (2004): Spielen in der Stadt. http://www.galk.de/arbeitskreise/ak_spielen/frm_aksp.htm. 13. April 2012.

Walther, Andreas/Pohl, Axel/Stauber, Barbara (2011): Jugend als Akteurin sozialen Wandels. Einleitung. In: Pohl et al. (2011): 7–19.

Zacharias, Wolfgang (2003): Umwelt als Spiel- und Lernraum. http://aba-fachverband. org/index.php?id=129. 13. April 2012.

Zeiher, Hartmut J./Zeiher, Helga (1994): Orte und Zeiten der Kinder. Soziales Leben im Alltag von Grossstadtkindern. Weinheim/München: Juventa-Verlag.

Fabian Kessl | Christian Reutlinger

Bildungsräume – ein Konzept zur Analyse urbaner Spielräume

1 Das pädagogische Konzept der Bildungsräume

„Räume bilden. Und sie werden gebildet" (Becker/Bilstein/Liebau 1997: 15). Seit Mitte der 1990er Jahre widmen sich erste bildungs- und erziehungswissenschaftliche Vergewisserungen raumtheoretischen Perspektiven und fokussieren dabei in der von Becker et al. markierten Weise den Doppelcharakter von Raum (vgl. Böhme 2009; Kraus 2008; Löw/Ecarius 1997): Räume der Bildung sind einflussmächtig für Bildungsprozesse, und die Ausgestaltung dieser Bildungsprozesse in räumlichen Kontexten gestaltet wiederum diese Räume der Bildung mit. Insofern verweist ein raumtheoretisch sensibler *Bildungsbegriff* auf den Sachverhalt, dass räumliche Zusammenhänge in Bildungsprozessen mit hergestellt werden und bereits bestehende räumliche Muster ihrerseits Teil von Bildungsprozessen sind.

Dieser Sachverhalt wird in der pädagogischen Praxis und Theoriebildung in zweifacher Weise konkretisiert. Die erste Traditionslinie lässt sich unter der Überschrift „Herstellung *einer pädagogischen Provinz*", die zweite unter der Überschrift der „Gestaltung *pädagogischer Orte*" fassen. Mit der Herstellung einer pädagogischen Provinz wird darauf abgezielt, Bildungsräume zu schaffen, die jenseits gesellschaftlicher Kontexte, an anderen Orten und dadurch möglichst frei von Außeneinflüssen bleiben sollen, um ein unabhängiges Wachstum und eine menschliche Entwicklung aus sich selbst heraus zu gewährleisten. Das erste bekannte historische Beispiel ist die fiktive Figur des *Emile* in dem gleichnamigen pädagogischen Entwicklungsroman von Jean Jacques Rousseau (1995 [1762]): Der Zögling, Emile, wird vom Erzieher aus dem urbanen Raum herausgeführt, um das Zusammenspiel von Natur, Dingen und Menschen wieder zu ermöglichen, das durch die städtische Vergesellschaftung behindert war. Erst die räumliche Verlagerung des Entwicklungsprozesses des Educandus in die „pädagogische Provinz", so Rousseaus berühmte Formel, gibt demnach der „ursprünglichen Veranlagung" des Zöglings jenseits der Stadt wieder ihren notwendigen Raum (ebd.: 12). Pädagogisch-praktische Konkretisierung erfuhr Rousseaus Figur der pädagogischen Provinz in den reformpädagogischen Projekten zu Beginn des 20. Jahrhunderts (vgl. von Hentig 2005; kritisch dazu Oelkers 2012);

aktuelle Beispiele finden sich im Bereich der Abenteuer- und Erlebnispädagogik (vgl. Röhrs 1966). Das Konzept der Gestaltung pädagogischer Orte, wie es Michael Winkler (1988) im Anschluss an Siegfried Bernfeld vorgeschlagen hat, zielt analog zur Figur der pädagogischen Provinz auf die Notwendigkeit der Herstellung, Bereitstellung und Ausgestaltung von pädagogischen Freiräumen zur Ermöglichung von Selbstbildungsprozessen. Zugleich wird aber der Tatsache entsprochen, dass Bildungsprozesse immer gesellschaftlich eingebettet sind und daher auch ihre pädagogische Begleitung und Ermöglichung nicht im Jenseits dieses Kontextes lokalisiert und inszeniert werden können. Daher betont Winkler auch die Notwendigkeit einer kritischen Reflexion dieser gesellschaftlichen Prägung und institutionellen Einschränkung (vgl. Kessl 2012/i.E.).

In beiden pädagogisch-konzeptionellen Traditionslinien wird der Bildungsraum als konkreter Ort bestimmt, den es pädagogisch herzustellen bzw. zu gestalten gilt. Insofern lässt sich als eine Dimension von Bildungsräumen ihr Charakter als zu pädagogisierender Bildungsort bestimmen. Als zweite Dimension von Bildungsräumen erweist sich die jeweils spezifische Verwobenheit mit gegebenen gesellschaftlichen Zusammenhängen: Während die Figur der pädagogischen Provinz die gesellschaftliche Einflussgröße kontrollieren bzw. regulieren, das heißt entweder möglichst ausschließen oder nach bestimmten Kriterien filtern will, zielt das Konzept der pädagogischen Orte auf deren kritisch-reflexive Berücksichtigung. Hieran schließen wir im Folgenden an. Zugleich meint sowohl das Konzept der pädagogischen Provinz als auch das Konzept des pädagogischen Ortes ein pädagogisches Arrangement, weshalb im Folgenden von *Bildungsarrangements* als zweiter Dimension von Bildungsräumen gesprochen wird.

Bildungsräume meint somit Konstellationen, in denen Bildungsprozesse vollzogen werden, und die beide Dimensionen umfassen: die Pädagogisierung von Orten und die Realisierung von spezifischen Bildungsarrangements.

2   Zeit des Raumes in der pädagogischen Diskussion

Die Sensibilisierung für die räumliche Dimension von Bildung und ihre räumliche Dimensionierung ist in den vergangenen Jahren in pädagogischen Bereichen und der erziehungswissenschaftlichen Diskussion verstärkt zu beobachten. Am Beginn dieser neuen raumtheoretischen Vergewisserungen steht zumeist die Zeitdiagnose, dass nach einer scheinbar „raumlosen Zeit" inzwischen eine „Zeit des Raumes" aufzieht und weiter aufziehen sollte (vgl. Reutlinger 2008). Argumentativ unterstellen die AutorInnen, dass die räumliche Dimension von Bildungsprozessen zu lange vernachlässigt wurde. Martina Löw und Jutta Ecarius (1997: 8) formulieren in diesem Zusammenhang: Über „Bildung und Bildungsprozesse" würden zwar „eine Vielzahl von Forschungsergebnissen sowie Theorieansätzen vorliegen", doch dass „Erziehung und Bildung immer einen räumlichen Bezug habe" sei weitgehend vergessen worden. Jeanette Böhme (2009: 13) spricht in Bezug auf die pädagogische und erziehungswissenschaftliche Forschung von einer „Raumvergessenheit in aktuellen Forschungsansätzen" und einer „Ortlosigkeit konstruierter Forschungsgegenstände".

Diese Diagnose war für die Dynamisierung einer raumtheoretischen Vergewisserung innerhalb der pädagogischen und erziehungswissenschaftlichen Diskussionen strategisch durchaus entscheidend. Zugleich steht sie allerdings in der Gefahr, die Tatsache zu verschatten, dass die generelle These einer Raumblindheit in der pädagogischen und erziehungswissenschaftlichen Debatte so nicht haltbar ist. Neben der Thematisierung der Raumdimension in pädagogischen Theorien, wie sie eingangs schon am Beispiel Rousseaus verdeutlicht wurde, finden sich insbesondere innerhalb der sozialpädagogischen Diskussionen – und hier vor allem in den Diskussionen um die Kinder- und Jugendarbeit und die Jugendbildung – seit den 1980er Jahren immer wieder explizite raumtheoretische Hinweise.

Lothar Böhnisch und Richard Münchmeier weisen beispielsweise in ihrer *Pädagogik des Jugendraums* bereits 1990 (29) kritisch darauf hin, dass pädagogische Ansätze dazu tendieren, eine verengte institutionalistische Perspektive einzunehmen. Demgegenüber plädieren sie dafür, „räumliche Faktoren als (bisher) ‚übergangene' Elemente" ins Blickfeld zu rücken. „(D)er Raum (sei) eine Voraussetzung von Erziehung in dem einfachen Sinn, dass der Erzieher einen Ort braucht, an dem er handeln kann. Man kann sich z. B. fragen, ob der Erziehungsort eine Ausstattung und Struktur hat, die für die Erziehungsfunktion geeignet sind, und man kann versuchen, das räumliche ‚Setting' auf die ‚Förderung' der Erziehungshandlungen auszurichten" (ebd.). Insofern weisen Böhnisch/Münchmeier bereits vor mehr als 20 Jahren auf die Notwendigkeit einer räumlichen Dimensionierung von Lern- und Bildungsprozessen hin – und damit auch im Umkehrschluss bereits auf die Gefahr der Verengung eines formalen Lern- und Bildungsbegriffs, beispielsweise im schulischen Kontext.

Helmut Becker, Jörg Eigenbrodt und Michael May (1984) haben in ihrer inzwischen weitgehend in Vergessenheit geratenen Jugendbildungsstudie den Charakter der jeweiligen konkreten örtlichen Settings als relevanten Bedingungskontext sogar bereits Anfang der 1980er Jahre herausgearbeitet. Ihr Erkenntnisinteresse richtete sich dabei auf die sozialen Verwirklichungsbedingungen von Jugendlichen. Sie konnten dabei verdeutlichen, dass der jeweilige Bildungsraum, so könnte man aus der hier eingenommenen Perspektive formulieren, durch ein praktisches Handeln in Form eines intervenierenden Prozesses zwischen den Gegebenheiten einer gesellschaftlich konstituierten Raumstruktur und den auf den Raum gerichteten Interessen der Subjekte erst geschaffen wird (Becker/Hafemann/May 1984: 11).

Ulrich Deinet (1990; 2009) konkretisiert die damit verbundene und von Böhnisch/Münchmeier (1987: 107) fokussierte Frage der räumlichen Aneignung in seinen Arbeiten zu einer *Sozialräumlichen Jugendarbeit*. Im Anschluss an die Arbeiten des sowjetischen Tätigkeitspsychologen Leontjew schlagen Deinet und Krisch (Krisch 2009: 25) vor, den Sozialraum als „Handlungsraum" von Kindern und Jugendlichen in den Blick zu nehmen: „Indem der ‚Raum' der Jugendarbeit anregend wirkt, Kindern und Jugendlichen Gestaltung und Veränderung, Konfrontation und alternative Erfahrungen ermöglicht, wird er selbst zu einem Aneignungs- und Bildungsraum" (Deinet 2009: 159). Eine sozialräumliche Kinder- und Jugendarbeit habe sich daher an den „lebensweltliche(n) Deutungen, Interpretationen und Handlungen von Heranwachsenden (auszurichten)" (Krisch 2009: 7), ihre Settings und Programme also an den Aneignungsprozessen der Kinder und Jugendlichen auszurichten (ebd.: 13). Deinet und Krisch sprechen daher auch von der notwendigen Einnahme eines „sozialräumlichen Blicks" durch die Fachkräfte (Deinet/Krisch 2002). Ziel einer sozialräumlichen Kinder- und Jugendarbeit sei, die Ermöglichung „selbstbestimmte(r) Aneignungsprozesse" und dadurch die Förderung von „Lernprozesse(n)" (Deinet 2002: 22).

Helmut Richter (2001) plädiert in seinem Entwurf zu einer *Kommunalpädagogik* dafür, pädagogische Diskursräume herzustellen, um kommunale Demokratisierungsprozesse anzuregen und zu stabilisieren. Insofern kann sein Modell einer Kommunalpädagogik auch als Vorläufer und durchaus als kritische Folie für gegenwärtige Diskussionen um die Ausbildung von Bildungslandschaften als lokale Aushandlungs- und Beteiligungsstrukturen (*local governance*) gelesen werden (vgl. Mack 2009; Stolz 2008). Thomas Coelen (2003) schließt mit seinen Skizzierungen einer „Raumpädagogik" an Richters Überlegungen an und sucht diese in einem Modell der *Ganztagsbildung* (ebd. 2009) zu integrieren: „Unter ‚Ganztagsbildung' sind vielmehr solche Institutionalisierungsformen zu verstehen, die formelle und nicht-formelle Bildung durch die komplementären Kernelemente Schulunterricht und Jugendarbeit unter Beibehaltung ihrer jeweiligen institutionellen Eigenheiten zu einem integrierten Ganzen gestalten" (Coelen 2005: 57).

Wie kommt es in der Kinder- und Jugendhilfe im Vergleich zu anderen pädagogischen Bereichen, wie der Schule, zu dieser historisch bereits früher nachweisbaren Raumsensibilität? Es liegt die Vermutung nahe, dass die Gleichzeitigkeit einer Gestaltung von Bildungsorten und einer Realisierung von spezifischen

Bildungsarrangements gerade dann relevant ist, wenn die vorherrschenden Bildungsorte und die damit verbundenen Bildungsarrangements als unzureichend oder unbefriedigend erfahren werden, wie das im Fall der NutzerInnen sozialpädagogischer Angebote im Bereich der Kinder- und Jugendarbeit oder der Jugendbildung häufig der Fall ist. Angesichts der schulischen Dominanz in der Formierung von Bildungsprozessen war die Kinder- und Jugendarbeit von Beginn an herausgefordert, alternative Bildungsorte zur Schule bereitzustellen und zu entwickeln. Um alternativ zu den vorherrschenden, auch andere Bildungsräume zu schaffen und zugänglich zu machen, muss die Frage der konkreten Ausgestaltung und der Ausgestaltungsmöglichkeiten von Bildungsorten *und* Bildungsarrangements ins Bewusstsein gerückt werden.

3 Bildungsräume als heuristisches Modell für die wissenschaftliche Prozessbegleitung

Will man Bildungsräume empirisch erfassen, dann ist dieses Zusammenspiel beider Dimensionen systematisch in den Blick zu nehmen und zu erschließen. Die damit fokussierten konkreten und spezifischen Gestalten und Gestaltungsweisen räumlicher Praktiken nennen wir *Formate des Räumlichen* (vgl. Kessl/ Reutlinger 2010). Diese Formate des Räumlichen wurden im Fall des Programms SPIELRAUM im Zusammenspiel der baulichen und der pädagogischen Ausgestaltung der lokalen Projektstandorte – in den drei ausgewählten bundesdeutschen, österreichischen und schweizerischen Großstädten – und der dortigen sozialen Zusammenhänge – Struktur der Nutzergruppen, der AnwohnerInnen, der Fachkräfte, der beteiligten Institutionen und Organisationen und des kommunalpolitischen Kontextes systematisch erfasst.

Um einen solchen empirischen Zugriff im Fall des Programms SPIELRAUM zu realisieren, musste vor dem Hintergrund der skizzierten raumtheoretischen Vergewisserungen zum Konzept der Bildungsräume ein Wechsel im Beobachtungsstandpunkt vorgenommen werden: Die beiden relevanten Dimensionen der Bildungsorte und Bildungsarrangements mussten aus den im Programm SPIELRAUM bereits angelegten Akteursperspektiven erschlossen werden – der Perspektive der jugendlichen AkteurInnen (PlatznutzerInnen) und der erwachsenen AkteurInnen (v.a. professionelle sozialpädagogische Fachkräfte). Daher wurde eine Heuristik aus der Perspektive dieser beiden Akteursgruppen entwickelt. Zugleich wird die Perspektive der erwachsenen AkteurInnen um die Dimension der Vernetzung, das heißt die Frage institutioneller Kooperation, erweitert.

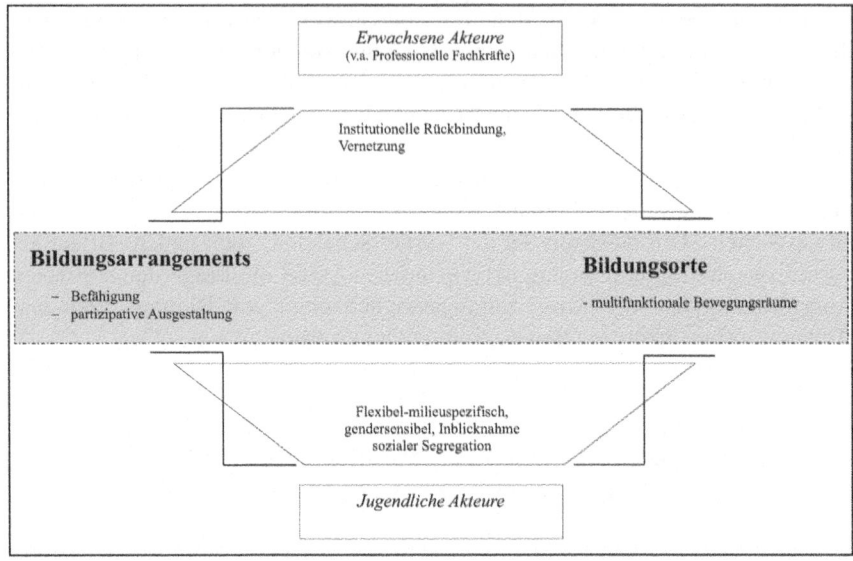

Am Ausgangspunkt des Programms SPIELRAUM stand die Annahme, dass sich soziale Ausschließungs- und Benachteiligungsprozesse konkret örtlich materialisieren – quasi „im Container", so ließe sich etwas zugespitzt formulieren (vgl. Beitrag „Bildung und Stadtentwicklung als Entwicklungsfaktoren urbaner Spielräume – ein vorläufiges Resümee" in diesem Band). An den jeweiligen Plätzen für Sport- und Freizeitaktivitäten, sei es nun der Bolzplatz in einer Berliner Spielanlage oder auf dem Spielfeld für individuelle Outdooraktivitäten in Zürich oder Wien, zeige sich die fehlende Teilhabemöglichkeit der Kinder und Jugendlichen, so die Annahme. Daher sollten, erstens, diese konkreten Bewegungsräume baulich so verändert werden, dass möglichst deren Aufwertung erreicht wird. Die Förderung derartiger Um- oder Neugestaltungsmaßnahmen bildete daher den zentralen Baustein der materiellen Förderung durch die Deutsche Kinder- und Jugendstiftung (DKJS). Zugleich beschränkte sich das Programm SPIELRAUM nicht darauf. Neben der baulichen Um- oder Neugestaltung war, zweitens, eine Steigerung der *Handlungsfähigkeit* von PlatznutzerInnen ebenfalls Bestandteil der Programmaktivitäten an jedem Projektstandort.

Die Aufgabe der professionellen pädagogischen Akteure im Kontext des Programms SPIELRAUM liegt somit darin, Bildungsarrangements zu generieren, die es den am Projekt beteiligten Kindern und Jugendlichen ermöglichen, sich den konkreten Bildungsort zu eigen zu machen. Ziel der professionellen Begleitung und Unterstützung ist es somit im gelungenen Fall, Raumbildungsprozesse befördert und ermöglicht zu haben – konkrete Bildungsräume anzubieten.

Inwiefern und ob die konkreten Projekte im Sinne des Zusammenspiels der Gestaltung von Bildungsort und Bildungsarrangement gestaltet wurden und in Zukunft weiter gestaltet werden können, wurde in der wissenschaftlichen Prozessbegleitung des Programms SPIELRAUM auf den beiden Aktionsebenen der im Programm fokussierten Akteure untersucht: der Ebene der Spiel- und Handlungsräume der Kinder- und Jugendlichen sowie der Handlungs- und Vernetzungsräume der erwachsenen Akteure.

Wendet man den Blick von den Jugendlichen aus auf die Frage der Gestaltung eines Bildungsraumes, so rückt in Bezug auf die Dimension der Bildungsorte die Funktionalität der konkreten Bewegungsräume in den Blick. Hier lautete die erste Vorannahme, dass nur eine *multifunktionale Gestaltung* dieser Bildungsorte programmadäquat sein kann. Im Fall der Monofunktionalität schien die Gefahr zu groß, dass viele Kinder und Jugendliche von der Platznutzung strukturell ausgeschlossen bleiben. Hinsichtlich der Dimension der Bildungsarrangements schien die Frage der konkreten Ausgestaltung der Interaktionsmuster zwischen professionellen pädagogischen Fachkräften und NutzerInnen von entscheidender Bedeutung. Deshalb wurde die Frage der *Befähigung* als zweite Vorannahme markiert: der subjektive Handlungsspielraum im Sinne einer möglichen kindlichen und jugendlichen Praxis und deren Bedingungsstrukturen wäre somit eine relevante Größe für die Realisierung eines adäquaten Bildungsraums. Außerdem wurde davon ausgegangen, dass nur eine *partizipative Ausgestaltung* eine adäquate Ausgestaltung der Bildungsarrangements darstellen kann. Konzeptioneller Hintergrund dieser Vorannahme sind vor allem die sozialpädagogischen Aneignungs- und Selbstbildungsdiskussionen, die in jüngster Zeit vor allem aus einer Kritik gegenüber funktionalistischen Bildungskonzepten formuliert werden (vgl. Scherr 1997; Sturzenhecker 2006).

Neben diesen drei zentralen Vorannahmen wurden in Bezug auf die beiden im Programm fokussierten Akteursgruppen vier weitere Aspekte fokussiert: Auf der Ebene der jugendlichen Akteure die *flexibel-milieuspezifische* Ausgestaltung der Nutzungsstrukturen am jeweiligen konkreten Bildungsort. Diese Einschätzung basierte auf der Annahme, dass die Ortsbindung von Jugendkulturen am Beginn des 21. Jahrhunderts radikal abgenommen hat. Daher schien auch eine *Gendersensibilität* möglicher Nutzungsangebote an den einzelnen Standorten, aber auch der Nutzungsstrukturen konstitutiv. Gerade im Fall der Ausgestaltung öffentlicher Bildungsräume, wie dies für die lokalen Standorte des SPIELRAUM-Programms angestrebt war, sollte außerdem der Sachverhalt *sozialer Segregation* systematisch mit einbezogen werden – ein Tatbestand, der nicht zuerst als Quartierseffekt, sondern als Effekt der sozialen Lage der Kinder und Jugendlichen zu verstehen ist.

Auf der Ebene der erwachsenen Akteure betont das Programm SPIEL-RAUM die Relevanz lokaler *Vernetzung* und konkretisiert diese im Modell der „Verantwortungsgemeinschaften" (vgl. die Beiträge von Fritsche/Schöne und Prüße in diesem Band). In Bezug auf die aufgeworfene Frage der Ermöglichung und Förderung von Handlungsfähigkeit der Kinder und Jugendlichen werden die Aspekte der Vernetzung und der institutionellen Rückbindung (vgl. den Beitrag zu „professionellen Vernetzungsräumen" in diesem Band) in einem Verweisungszusammenhang betrachtet: Die *institutionelle Rückbindung* der Platzgestaltung und der Platznutzung kann den Kindern und Jugendlichen ein Potenzial zur Stabilisierung und Erweiterung ihrer Handlungsfähigkeit bereitstellen. Dies gilt allerdings nur dann, wenn ihnen die Fachkräfte auch das institutionelle Sozialkapital (linking social capital; vgl. Woolcock 1998, 2000), d.h. die, über die direkt-nachbarschaftlichen und familiären Kontakte hinausführenden Beziehungsressourcen, zugänglich machen. Die institutionelle Rückbindung gelingt also dann, wenn die Angebote und Angebotsstrukturen vor Ort jeweils rückgebunden an und abgesichert durch institutionelle Strukturen sind. Ein breites methodisches Repertoire stellen hierbei aufsuchende Angebote zur Verfügung, die in den vergangenen 25 Jahren gerade in so genannten benachteiligten Quartieren im deutschsprachigen Raum auf- und ausgebaut wurden. Charakteristisch für diese sind ihre starke Akteursorientierung und ihre Bezugnahme auf die konkrete Vielfalt kindlicher und jugendlicher Lebenswelten (vgl. Becker/Simon 1995). Zugleich sollte der Einbezug institutioneller AkteurInnen nicht kleinräumig-territorial begrenzt werden, zum Beispiel auf die in der Nähe des Platzes lokalisierten pädagogischen Träger. Vielmehr sollte das Potenzial möglichst aller förderlichen Angebotsstrukturen ausgelotet und wenn möglich in eine institutionelle Kooperationsbeziehung gebracht werden. In diesem Sinne dient die Vernetzung institutioneller AkteurInnen dann im gelungenen Fall der Förderung und Ermöglichung der jugendlichen Handlungsfähigkeit.

Aus dieser Perspektive der erwachsenen AkteurInnen lassen sich aber auch die drei zentralen Vorannahmen noch einmal in den Blick nehmen. Die Annahme einer notwendigen *partizipativen Ausgestaltung* lässt sich dann dahingehend fassen, dass Bildungsarrangements nicht vollkommen pädagogisch-didaktisch durchstrukturiert werden können, sondern Prozesse der Selbstbildung – verstanden als „umfassender Prozess der Persönlichkeitsbildung (…), mit dessen Hilfe sich das einzelne Individuum zur umgebenden Welt und Gesellschaft in Beziehung" setzt (Sting 2004: 77) – anregen und zulassen müssen. Die professionellen Akteure, wie die Kinder- und Jugendarbeit, sind dabei als „Medium von Aneignung und Bildung" (Deinet 2004: 186f.) zu verstehen. Ihre Aufgabe wäre es also, Möglichkeiten zu fördern, „die Selbstbildung von Kindern und Jugendlichen, ihre Kompetenzen zur Raumbildung, zur Veränderung, Gestaltung etc." zulassen (ebd.). *Befähigung* lässt sich im institutionellen Zusammenhang als institutionelle Ermöglichung (Functionings) aufschließen. Neben den Capabilities gilt es in der sozialräumlichen Kinder- und Jugendarbeit eben auch diese *institutionellen Ermöglichungsbedingungen* (z. B. eine Infrastruktur der Beteiligung) auf- und auszubauen. Hinter dem Anspruch *multifunktionale Bewegungsräume* zu schaffen, liegt schließlich aus einer institutionellen Perspektive ein Paradigmenwechsel, welcher sich vom „Sport zur Bewegung" (Reutlinger/ Schöffel 2010) beschreiben lässt. Konkret bedeutet dies, dass nicht mehr länger eine funktionalisierte Objektplanung (im Sinne von auf Sportanlagen zielende Sportförderung) im Vordergrund steht, sondern eine offene Haltung gegenüber dem Verständnis erforderlich ist, dass ein Platz für „verschiedenste Gruppen mit unterschiedlichen Bedürfnissen oder Ansprüchen an diesen Bezugsraum" offen sein muss (ebd.: 126f.): Diese flexibel nutzbaren Bewegungsräume „unterscheiden sich vor allem dadurch von den klassischen Funktionsräumen des Sports, dass scheinbar feste Grenzziehungen etwa zwischen innen und außen, geschlossen und kontextbezogen, dauerhaft und flüchtig, geregelt und ungeregelt beziehungsweise privat und öffentlich immer durchlässiger werden" (Bockrath 2008: 162).

Für die empirische Analyse wurden im ersten Schritt der wissenschaftlichen Prozessbegleitung die konkreten Bewältigungsmuster der Kinder und Jugendlichen und damit deren Spiel- und Handlungsräume rekonstruiert. Damit gelingt eine Konkretisierung dieser ersten Ebene der Bildungsräume. Hierzu wurden in den konkreten empirisch fassbaren Formaten des Räumlichen die vorgefunden räumlichen Konstellationen (*Bildungsorte*) auf ihr Potenzial der Ermöglichung und Verhinderung von Bildungsprozessen (*Bildungsarrangements*) befragt.

Im zweiten Schritt wurden auf der Ebene der Handlungs- und Vernetzungsräume die Organisationsformen der beteiligten Träger und Initiativen vor Ort beleuchtet.

Die anschließende Zusammenführung beider Dimensionen ermöglichte es schließlich, systematische Aussagen über die Bewältigungsmuster der Kinder und Jugendlichen zu formulieren.

Literaturverzeichnis

Becker, Gerd/Simon, Titus (Hrsg.) (1995): Handbuch aufsuchende Jugend- und Sozialarbeit. Theoretische Grundlagen, Arbeitsfelder, Praxishilfen. Weinheim/München: Juventa-Verlag.

Becker, Gerold/Bilstein, Johannes/Liebau, Eckart (Hrsg.) (1997): Räume bilden. Studien zur pädagogischen Topologie und Topographie. Seelze-Velber: Kallmeyer.

Becker, Helle (Hrsg.) (2008): Politik und Partizipation in der Ganztagsschule. Schwalbach/Ts: Wochenschau Verlag.

Becker, Helmut/Hafemann, Helmut/May, Michael (1984): Das ist hier unser Haus, aber … Raumstruktur und Raumaneignung im Jugendzentrum. Frankfurt am Main: Extrabuch-Verlag.

Bockrath, Franz (2008): Zur Heterogenität urbaner Sporträume. In: Funke-Wieneke; Klein (2008): 145–167.

Böhme, Jeanette (Hrsg.) (2009): Schularchitektur im interdisziplinären Diskurs. Territorialisierungskrise und Gestaltungsperspektiven des schulischen Bildungsraums. Wiesbaden: VS Verlag für Sozialwissenschaften.

Böhnisch, Lothar/Münchmeier, Richard (1987): Wozu Jugendarbeit? Orientierungen für Ausbildung, Fortbildung und Praxis. Weinheim ; München: Juventa-Verlag.

Böhnisch, Lothar/Münchmeier, Richard (Hrsg.) (1990): Pädagogik des Jugendraums. Zur Begründung und Praxis einer sozialräumlichen Jugendpädagogik. Weinheim: Juventa-Verlag.

Breuer, Klaus/Deißinger, Thomas/Münk, Dieter (Hrsg.) (2008): Berufs- und Wirtschaftspädagogik. Probleme und Perspektiven aus nationaler und internationaler Sicht. Opladen/Farmington Hills: Budrich Barbara.

Coelen, Thomas (2003): Raumpädagogik. Skizzen zu einem pädagogischen Raumbegriff. In: Peters et al. (2003): 63–78.

Coelen, Thomas (2005): Ganztagsbildung. Qualifikation und Partizipation von Kindern und Jugendlichen auf kommunaler Basis. In: Hansel (2005): 56–85.

Deinet, Ulrich (1990): Raumaneignung in der sozialwissenschaftlichen Theorie. In: Böhnisch; Münchmeier (1990): 57–70.

Deinet, Ulrich (2002): Die Sozialraumdebatte in der Jugendhilfe. In: Deinet; Krisch (2002): 13–29.

Deinet, Ulrich (2004): Raumaneignung als Bildungspraxis von der Offenen Jugendarbeit. In: Lindner; Sturzenhecker (2004): 111–130.

Deinet, Ulrich (2009): Sozialräumliche Jugendarbeit. Grundlagen, Methoden und Praxiskonzepte. Wiesbaden: VS Verlag für Sozialwissenschaften.

Deinet, Ulrich/Krisch, Richard (Hrsg.) (2002): Der sozialräumliche Blick der Jugendarbeit. Methoden und Bausteine zur Konzeptentwicklung und Qualifizierung. Opladen: Leske + Budrich.

Funke-Wieneke, Jürgen/Klein, Gabriele (Hrsg.) (2008): Bewegungsraum und Stadtkultur. Sozial- und kulturwissenschaftliche Perspektiven. Bielefeld: Transcript.

Günzel, Stephan (Hrsg.) (2008): Raumwissenschaften. Frankfurt/Main: Suhrkamp.

Hansel, Toni (Hrsg.) (2005): Ganztagsschule. Halbe Sache – großer Wurf? Schulpädagogische Betrachtung eines bildungspolitischen Interventionsprogramms. Schulpädagogik Band 7. Herbolzheim: Centaurus-Verlagsgesellschaft.

Hentig, Hartmut von: Ganztagsschule und mehr. In: Neue Sammlung 45. 2. 2005. 237–252.

Kessl, Fabian (2012/i.E.): Erziehung im Wohlfahrtsstaat. Stuttgart: Kohlhammer.

Kessl, Fabian/Reutlinger, Christian (Hrsg.) (2010): Sozialraum. Eine Einführung. Wiesbaden: VS Verlag für Sozialwissenschaften.

König, René (1958): Grundformen der Gesellschaft: . Die Gemeinde. Hamburg: Rowohlt.

Kraus, Katrin (2008): Lernort:. Raumtheoretische Überlegungen zu einem Grundbegriff der Berufs- und Wirtschaftspädagogik. In: Breuer et al. (2008): 112–122.

Krisch, Richard (Hrsg.) (2009): Sozialräumliche Methodik der Jugendarbeit. Aktivierende Zugänge und praxisleitende Verfahren. Weinheim: Juventa-Verlag.

Lindner, Werner/Sturzenhecker, Benedikt (Hrsg.) (2004): Bildung in der Kinder- und Jugendarbeit. Vom Bildungsanspruch zur Bildungspraxis. Weinheim/München: Juventa-Verlag.

Löw, Martina/Ecarius, Jutta (1997): Raumbildung – Bildungsräume. Über die Verräumlichung sozialer Prozesse. Opladen: Leske + Budrich.

Oelkers, Jürgen (2012): Eros und Herrschaft. Die dunklen Seiten der Reformpädagogik. Weinheim/Basel: Beltz.

Otto, Hans-Uwe/Coelen, Thomas (Hrsg.) (2004): Grundbegriffe der Ganztagsbildung. Beiträge zu einem neuen Bildungsverständnis in der Wissensgesellschaft. Wiesbaden: VS Verlag für Sozialwissenschaften.

Peters, Lutz/Coelen, Thomas/Mohr, Elisabeth (Hrsg.) (2003): Kommune heute. Lokale Perspektiven der Pädagogik : Festschrift zum 60. Geburtstag von Helmut Richter. Frankfurt am Main/New York: Lang.

Reutlinger, Christian (2008): Erziehungswissenschaft. In: Günzel (2008): 93–108.

Reutlinger, Christian/Schöffel, Joachim (2010): Bewegungsfreundliche Siedlungsräume. Von den Herausforderungen Bewegung vom Ort zu lösen und diese den Menschen in ihrem Handeln zurück zu geben. Einblicke in einen interdisziplinären Forschungszusammenhang. In: Reutlinger; Wigger (2010): 115–147.

Reutlinger, Christian/Wigger, Annegret (Hrsg.) (2010): Transdisziplinäre Sozialraumarbeit. Grundlegungen und Perspektiven des St. Galler Modells zur Gestaltung des Sozialraums. Transposition – Ostschweizer Beiträge zu Lehre, Forschung und Entwicklung in der sozialen Arbeit. Berlin: Frank & Timme.

Richter, Helmut (2001): Kommunalpädagogik. Studien zur interkulturellen Bildung. Frankfurt am Main [u.a.]: Lang.

Röhrs, Hermann (1966): Die pädagogische Provinz im Geiste Kurt Hahns. In: Röhrs (1966): 83–97.

Röhrs, Hermann (Hrsg.) (1966): Bildung als Wagnis und Bewährung. Eine Darstellung des Lebenswerkes von Kurt Hahn. Heidelberg: Quelle & Meyer.

Rousseau, Jean-Jacques/Rang, Martin/Sckommodau, Eleonore (1995): Emile oder über die Erziehung. Paderborn: Schöningh.

Scherr, Albert (1997): Subjektorientierte Jugendarbeit. Eine Einführung in die Grundlagen emanzipatorischer Jugendpädagogik. Weinheim: Juventa.

Sting, Stephan (2004): Soziale Bildung. In: Otto; Coelen (2004): 77–83.

Stolz, Heinz-Jürgen (2008): Zwischen Aktivierung und Normalisierung. Politische Jugendbildung in der Ganztagsschule. In: Becker (2008): 18–28.

Sturzenhecker, Benedikt: Partizipation – eine Anforderung an Professionalität. In: Jugendhilfereport. 4. 2006. 6–9.

Winkler, Michael (1988): Eine Theorie der Sozialpädagogik:. Über Erziehung als Rekonstruktion der Subjektivität. Stuttgart: Klett-Cotta.

Woolcock, Michael (2000): Social Capital in Theory and Practice:. Where Do We Stand? Vortrag auf der 21. Annual Conference on Economic Issues:. The Role of Social Capital in Determining Well-Being. Middlebury.

Woolcock, Michael: Social Capital and Economic Development:. Towards a Theoretical Synthesis and Policy Framework. In: Theory and Society. 2. 2008. 151–208.

Bild 1: Workshop im Rahmen des Eröffnungsfests des „Spielraums" in Zürich am 3. Juni 2009 © Deutsche Kinder- und Jugendstiftung

Heike Prüße

Platz für Entwicklung – wie Evaluationen und wissenschaftliche Begleitung zum Programm SPIELRAUM beitragen

Einleitung

Evaluationen und wissenschaftliche Begleitungen leisten wichtige Beiträge für die Arbeit der Deutschen Kinder- und Jugendstiftung (DKJS), einer im Bildungsbereich engagierten Stiftung. Von Beiträgen konkret zum Programm SPIELRAUM ist im vorliegenden Band zu lesen.

Der folgende Artikel zeichnet das Programmdesign von SPIELRAUM kurz nach und skizziert das Evaluationsverständnis der DKJS. Er zeigt, wie die Stiftung Evaluationen und eine wissenschaftliche Begleitung für das konkrete Programm nutzt:

Mitarbeiterinnen und Mitarbeiter der DKJS griffen für die Konzeptentwicklung unter anderem auf (Evaluations-)Erkenntnisse aus inhaltlich verwandten Programmen der Stiftung zurück.

Den laufenden Umsetzungsprozess unterstützte eine wissenschaftliche Begleitung. Wissenschaftlerinnen und Wissenschaftler, die für SPIELRAUM verantwortlichen Mitarbeiter der Stiftung, in einer Mittlerfunktion die DKJS-eigene Fachstelle für Evaluation sowie (sozial-) pädagogische Praktikerinnen und Praktiker waren dabei beteiligt.

These des Artikels ist, dass diese Akteure im Rahmen der Prozessbegleitung von SPIELRAUM in all ihrer Unterschiedlichkeit produktiv zusammengearbeitet haben, weil sie geeignete Verfahren gefunden haben, um sich auszutauschen.

Der Artikel kann insgesamt nur exemplarisch aufzeigen, was genau die fachlich-inhaltlichen Dialoge kennzeichnete. Er beschreibt vielmehr den Weg des Nutzbarmachens und Nutzens von Evaluationen und einer wissenschaftlichen Prozessbegleitung für das ausgewählte Stiftungsprogramm.

1 Zum Programm SPIELRAUM

SPIELRAUM ist ein Kooperationsprogramm zwischen der DKJS und dem Sportartikelhersteller Nike. Ziel ist es laut Programmkonzept (DKJS 2007), in den Städten Berlin, Hamburg, Frankfurt am Main, Wien und Zürich sozialpädagogische Initiativen dabei zu unterstützen, gemeinsam mit Kindern und Jugendlichen öffentliche Flächen mit neuen Nutzungskonzepten für Sport, Bewegung und informelle Bildung auszugestalten.

Im Programmkonzept (DKJS 2007) ist ein „prototypischer Projektverlauf" skizziert: Träger der Kinder- und Jugendhilfe identifizieren, idealerweise bereits zusammen mit Jugendlichen, Anwohnerinnen und Anwohnern, Vereinen und Verwaltung eine brachliegende oder wenig genutzte städtische Fläche, deren Zugang und Nutzung nicht exklusiv erfolgt. Dies wären z. B. Sport- und Spielplätze als öffentliche Freiräume oder institutionalisierte öffentliche Räume wie Sportanlagen. Die Träger reichen eine Projektidee bei der DKJS ein und gewinnen vor Ort relevante Partner für die Realisierung (z. B. in Verwaltungen) sowie einen oder mehrere weitere Partner für die Finanzierung der Initiative nach einem so genannten Matching-Prinzip.

Die Um- bzw. Neugestaltung der Plätze für sport- und bewegungsorientierte Freizeitgestaltung geschieht unter Einbindung von interessierten Jugendlichen, die idealerweise bereits einen Bezug zum Platz haben. Pädagoginnen und Pädagogen führen verschiedene Beteiligungsformate durch, z. B. Befragungen oder kreative, spielerische Methoden, um ein an Bedürfnissen und Vorstellungen von Jugendlichen orientiertes Gestaltungs- und Nutzungskonzept zu entwerfen. Diese Beteiligungsworkshops finden in nahen Räumlichkeiten von Jugendhilfeträgern, an Schulen oder auf den Plätzen selbst statt. Nach Planung, Bau und Eröffnungsfeier werden die Plätze im Rahmen von Trainings, Turnieren oder Festen genutzt. Bei der sportlichen Nutzung überwiegen Mannschafts- bzw. Fun/Trendsportarten. Jugendliche machen, besonders im Rahmen der Beteiligungsworkshops aber auch während der regulären Nutzung, Erfahrungen, die in der Programmkonzeption mit dem Begriff informelle Bildung beschrieben werden. Hier zeigt sich im SPIELRAUM-Konzept ein erweiterter Bildungsbegriff, der Entwicklungs- und Lernprozesse junger Menschen auch in nicht-formalisierten bzw. informellen Kontexten umfasst (siehe dazu BMFSJ 2004).

Als Hauptanliegen von SPIELRAUM lässt sich insofern aus dem Programmkonzept (DKJS 2007) die materielle und organisatorisch-rechtliche, aber auch die pädagogische Ermöglichung von Spielraum-Projekten herausarbeiten. Notwendig dafür erschien aus Sicht der Programmverantwortlichen ein Zusammenwirken von ganz unterschiedlichen Akteuren, z. B. aus Jugendhilfe, Sportvereinen bzw. -verbänden sowie aus städtischer Verwaltung. Diese Zielvorstellung wurde im Konzept unter dem Arbeitsbegriff „Verantwortungsgemeinschaften" (DKJS 2007) gefasst.

Soweit das Konzept. 2008 starteten fünf Projekte in fünf Städten. Kern der Initiativen sind Einrichtungen der Jugend(sozial)arbeit, Vereine aus dem Bereich offene bzw. aufsuchende Jugendarbeit, Streetworkerinnen und -worker, ein Jugendzentrum, eine Turn- und Sportgemeinschaft und das Projektbüro eines Dachverbandes für städtische Turn- und Sportvereine. In der Planungs- und Bauphase arbeiteten die Projektträger an den Standorten mit öffentlichen Stellen (aus den Bereichen Jugend, Soziales, Sport, Grünfläche oder Bau, Bezirksämtern bzw. Magistraten) zusammen, sowie punktuell mit anderen Partner der Jugendhilfe, Eltern, Anwohnerinnen und Anwohnern und in einem Fall mit einem Unternehmen aus dem Wohnungswesen.

Unter dem Dach des Programms SPIELRAUM sind bis zum Jahr 2010 folgende Projekte entstanden:

- Modellprojekt war der „Bolzplatz Galluspark – Bündnis für Demokratie und Toleranz" in Frankfurt am Main. Dieser Platz wurde vom Sportkreis Frankfurt e. V. und der Stadt Frankfurt der „Bolzplatz Galluspark – Bündnis für Demokratie und Toleranz" eingerichtet.
- In Berlin-Reinickendorf wurde in enger Zusammenarbeit zwischen Streetworkern des Vereins Gangway und dem Bezirksamt Reinickendorf die „Klix-Arena" geschaffen. Zum Gelingen des Vorhabens trugen eine Vielzahl weiterer Träger und Initiativen aus dem Stadtteil bei.
- In Hamburg Neu-Allermöhe entstand in Gemeinschaftsarbeit zwischen dem Jugendzentrum JUZENA, der Turn- und Sportgemeinschaft Bergedorf und dem Bezirksamt Bergedorf ein neuer SPIELRAUM. Ermöglicht wurde das Projekt auch durch Spenden.
- In Wien errichteten JUVIVO, ein Verein für aufsuchende Kinder- und Jugendarbeit, und die Magistratsabteilung Bildung und außerschulische Jugendbetreuung (MA 13) einen Platz namens „Underground" im 21. Bezirk der Stadt.
- In Zürich gestalteten die Stiftung für soziale Jugendprojekte (Schtifti) und die Offene Jugendarbeit Zürich (OJA) mit Unterstützung der Stadt Zürich die Skater- und Spielanlage in der „Hohlstrasse" im Quartier Langstrasse neu.

Die DKJS unterstützte diese fünf Projekte materiell, aber auch durch Beratung bei der praktischen Umsetzung. Auf so genannten Netzwerktreffen kamen Projektbeteiligte aus allen fünf Städten zusammen, um gemeinsam über organisatorische sowie fachlich-inhaltliche Fragen aus der Spielraum-Arbeit zu beraten. Die DKJS ihrerseits wurde durch eine wissenschaftliche Prozessbegleitung bezüglich SPIELRAUM beraten.

2 Externe Evaluation und wissenschaftliche Begleitung in der DKJS

Evaluation ist ein Containerbegriff, der für viele verschiedene Definitionen und Anwendungsfelder steht. Daher folgt eine Skizze über die Evaluations- bzw. wissenschaftliche Begleitpraxis in der Deutschen Kinder- und Jugendstiftung. Die DKJS macht ihre Programme und Projekte zum Gegenstand von systematischen Untersuchungen. Je nach Programmziel und Evaluationsfokus forschen externe wissenschaftliche Partner zum Beispiel in schulischen Lehr-Lern-Situationen, über die Förderung von Jugendengagement oder in „Bildungslandschaften". Die externen Evaluationen der DKJS sind so unterschiedlich wie ihre Programme.

Grundsätzlich kann man die von Stockmann (2004) geschilderten Evaluationsfunktionen anlegen: Sie tragen zum Erkenntnisgewinn bei, schaffen Dialogräume zwischen verschiedensten Beteiligten und unterstützen beim Steuern, kontrollieren und legitimieren. Diese Funktionen sind nicht trennscharf; welche überwiegt gestaltet sich individuell. In der Regel zielen wissenschaftliche Prozessbegleitungen stärker auf die Erkenntnisfunktion als Evaluationen. Sie erforschen Gegenstände in Programmen und Projekten auf Basis von empirisch gewonnenen Daten und nehmen eine theoretische bzw. diskursive Verortung von Ergebnissen vor. Solche Untersuchungen finden überwiegend prozessbegleitend statt, d. h. vom Beginn eines Programms bis zu dessen Ende. Sie tragen so zur erhöhten Reflexion der jeweiligen Programmarbeit bei. Idealerweise leiten die Beteiligten daraus Ideen für ihr Praxishandeln ab. Dies gelingt vor allem dann, wenn der Evaluationsprozess bzw. die wissenschaftliche Begleitung nach dem Prinzip der Dialogorientierung (siehe dazu Streblow 2007: 165ff.) funktioniert.

Meist führen externe Teams aus dem hochschulischen Kontext Evaluationen und wissenschaftliche Begleitungen für die DKJS durch. Das Zusammenwirken von Angehörigen aus Wissenschaft und Stiftungsarbeit ist wichtig, denn aus der Kombination dieser unterschiedlichen Perspektiven erwächst idealerweise ein Erkenntnis- und Handlungsgewinn für alle Beteiligten. Aber diese Arbeit ist auch herausfordernd, weil mit dem wissenschaftlichen Arbeiten einerseits und dem Agieren der Bildungsstiftung DKJS andererseits unterschiedliche Denk- und Handlungsschemata aufeinandertreffen.

In der DKJS wirkt die eigene Fachstelle für Evaluation als Schnittstelle zwischen den Programm- bzw. Projektbeteiligten in der Stiftung und den externen Wissenschaftsteams. Die Mitarbeiterinnen aus dieser Fachstelle sind nicht Teil des Programms, sondern initiieren, konzeptionieren und begleiten Evaluationen und wissenschaftliche Begleitungen mit externen Partnern. Sie machen Denkansätze und Evaluationsergebnisse für Programm- und Projektbeteiligte, für Partner und Förderer, aber auch für die (Fach-)Öffentlichkeit transparent. Sie nehmen Einfluss darauf, dass auch innerhalb der Stiftung über etablierte Denkstrukturen hinweg inhaltlicher Austausch stattfindet und regen damit qualitative Entwicklungen an. Ebenso unterstützen sie die „(Rück-)Übersetzung" von Evaluationsergebnissen bzw. Erkenntnissen aus wissenschaftlichen Begleitprozessen für die Programm- und Projektbeteiligten dort, wo es nötig ist.

Auch in vielen anderen Organisationen werden Evaluationen zunehmend durch Fachabteilungen institutionalisiert, die einerseits zwischen evaluativen Ansprüchen und andererseits den operativen Einheiten changieren (dazu Meyer 2010: 251). Im Spannungsfeld zwischen Evaluation und operative Einheiten können durchaus Konfliktlinien entstehen, die z. B. Meyer (ebd.) beschreibt. Diese Grundspannung kann dann produktiv genutzt werden, wenn sich alle Beteiligten offen und stetig in den Austausch begeben.

3 Externe Evaluation und wissenschaftliche Begleitung im Programm SPIELRAUM

Jedes Programm, jedes Projekt durchläuft unterschiedliche Phasen von der Konzeption über die Umsetzung bis zur Auswertung. Dafür können verschiedene Evaluationsansätze von Nutzen sein.

Für die Konzeptionsphase von SPIELRAUM wurden im Sinne eines stiftungsinternen Informations- und Wissensmanagement vorhandene Evaluationsergebnisse anderer, inhaltlich verwandter Programme bzw. eines Modellprojektes ausgewertet (siehe Punkt 4.1.).

Für die Programmumsetzung und deren Auswertung vergab die DKJS eine wissenschaftliche Prozessbegleitung (siehe Punkt 4.2.).

3.1 Wie die Konzeptentwicklung von SPIELRAUM durch Evaluationen bereichert wurde

Für die Konzeptionsphase von SPIELRAUM machten sich die verantwortlichen Stiftungsmitarbeiter Erfahrungen aus den Programmen MädchenStärken[1] und Stand up Speak up[2] sowie aus dessen Evaluationen zunutze. Sie werten Evalu-

---

1 Das Programm vermittelt Mädchen und junge Frauen moderne, vielfältige und starke Weiblichkeitsbilder und Handlungsfähigkeiten ausgehend von Sport und Bewegung. Dabei werden von Boxen über Cheerleaden bis hin zum Holzwerken vielfältige Bewegungsformen erprobt und unter pädagogischer Anleitung in Reflexionen von Körper- und Selbstkonzepten überführt. Siehe auch http://www.maedchenstaerken.de/

2 Im Programm Stand up Speak up setzten sich Jugendliche im Rahmen von Fußball-Projekten

ationsberichte aus und arbeiteten mit Erkenntnissen daraus in stiftungsinternen Runden.

Teil dieser Auswertungen war eine Auseinandersetzung mit so genannten informellen Bildungskonzepten im bzw. durch Sport im Rahmen von möglichst partizipativ angelegten sport- und bewegungsorientierten Angeboten der Kinder- und Jugendhilfe sowie z.T. in Sportvereinen.

Durch die Auswertung der Evaluation des Programms Mädchen Stärken fanden sich die für das Programmkonzept von SPIELRAUM verantwortlichen Mitarbeiter bestärkt, dass Sport und Bewegung nicht nur einen Beitrag zur unmittelbaren körperlichen Ertüchtigung leisten, sondern im Sinn eines erweiterten, informellen Bildungsverständnisses[3] zur Stärkung und Entwicklung der ganzen Person und Persönlichkeit, z.B. in Bezug auf Selbstvertrauen und Teamfähigkeit, beitragen können[4].

Die Auswertung bestärkte ebenfalls darin, nach geeigneten Settings zu fragen, in dem Sport und Bewegung solche Bildungschancen entfalten. Bei der Konzeptentwicklung für SPIELRAUM richteten die Mitarbeiterinnen ihren Blick deshalb vor allem auf sport- und bewegungsorientierte Angebote der Jugendhilfe und weniger auf traditionell verfassten Vereins- bzw. Verbandssport.

Aus einem anderen Evaluationskontext heraus setzten sich die Mitarbeiter für die Konzeption von SPIELRAUM mit dem Thema auseinander, jugendliche Beteiligung auch im Rahmen von sport- und bewegungsorientierten Angeboten auf eine möglichst hohe Stufe zu stellen – das heißt, Jugendliche nicht nur punktuell an Events zu beteiligen. Sie folgten der Überlegung, dass, wenn die Nutzungs- und Beteiligungsmöglichkeiten von vorhandenen Infrastrukturen (Bau, Sport- und Spielgeräte) der Plätze abhängen, genau diese Aspekte für die jugendliche Gestaltung zu öffnen seien. Für SPIELRAUM entwickelten sie somit die Idee, Jugendbeteiligung kontinuierlich von der Platzplanung bis zur alltäglichen Nutzung zu erproben, und so ein an Bedürfnissen und Vorstellungen von Jugendlichen orientiertes Gestaltungs- und Nutzungskonzept zu entwerfen.

Diese Ausführungen stehen exemplarisch für die Nutzung von Evaluationsergebnissen, genauer gesagt die Auswertung von Berichten, für die Entwicklungs- und Vorlaufphase des Programms.

---

und begleitet von Fachkräften der Jugend(sozial)arbeit mit den Themen Teamplay, Fairness und Diskriminierung auseinander. http://www.standup-speakup.de/

3 Zum informellen (und nonformalen) Bildungskonzept im Kindes- und Jugendalter siehe BMFSFJ 2004, speziell zum informellen Lernen im Sport z.B. Neuber 2010

4 Zur Illustration: Eine Projektleiterin sieht die Wirkweise des Projekts so: „Selbstbewusstsein funktioniert über Körperbewusstsein. Also, das funktioniert über eine Rückkoppelung: Wenn ich mich bewege und auch größer mache, dann fühle ich mich auch so." (Combrink/Rulofs/Schmidt 2007: 88).

Eine andere Art von Evaluation entsteht, wenn die Programmsteuerung und die Projektbeteiligten während der Umsetzung reflektierend von einem Wissenschaftsteam begleitend werden.

3.2 Welche Beiträge die wissenschaftliche Prozessbegleitung in der Programmumsetzung von SPIELRAUM leistete

Ein Team von Wissenschaftlerinnen und Wissenschaftlern begleitete die Programmsteuerung von SPIELRAUM sowie die lokalen Projekte während ihres Umsetzungsprozesses. Sie führten Erhebungen mit beteiligten Jugendlichen und sozialpädagogischen Fachkräften durch und legten ihrer Arbeit das Modell der *Bildungsräume* zu Grunde (siehe dazu den Beitrag von Fabian Kessl und Christian Reutlinger in diesem Band). Sie eröffneten den Programmverantwortlichen von SPIELRAUM einen wertvollen Anschluss an aktuelle Fachdebatten um das Verhältnis von sozialer Räumlichkeit und Bildungsprozessen. Sie verhalfen Programm- und Projektbeteiligten zu einer höheren Reflexivität in Bezug auf ihre Arbeit. Dies wurde erreicht, weil sich alle Beteiligten einem reflexiven dialogorientierten Verfahren öffneten, dessen Bausteine im Folgenden exemplarisch skizziert werden.

Kontinuierliche Verständigung über den wissenschaftlichen Begleitprozess: In einem Auftaktworkshop stellte das Team der wissenschaftlichen Prozessbegleitung ihr Modell der Bildungsräume in der DKJS vor. Die Teilnehmenden verständigten sich über das Erhebungsdesign und den Einsatz qualitativer Methoden (Interviews, teilnehmende Beobachtung). Der Dialog über das Vorgehen zwischen dem Team der wissenschaftlichen Prozessbegleitung und der DKJS wurde während der gesamten Laufzeit fortgesetzt. In einer Brückenfunktion zwischen der Programmleitung und dem externen wissenschaftlichen Begleitteam wirkten die Mitarbeiterinnen der DKJS-eigenen Fachstelle Evaluation.

Reflexionsräume für Projektbeteiligte: Netzwerktreffen von beteiligten (Sozial-)Pädagoginnen und –pädagogen aus allen fünf Projekten boten für das Team der wissenschaftlichen Prozessbegleitung einen geeigneten Rahmen, einerseits Erhebungen durchzuführen und andererseits Thesen aus bisherigen Erhebungen zurückzugeben und gemeinsam mit den Projektverantwortlichen inhaltlich darüber zu reflektieren. Diese Art der kommunikativen Rückkopplung von Inhalten aus der wissenschaftlichen Prozessbegleitung ist als wichtiger Schritt zu werten, eine Brücke zwischen „Evaluationswissen" und dem praktischen Umsetzungshandeln zu bauen. Themen waren z. B. Partizipation und Umgang mit Vielfalt Jugendlicher in Beteiligungsprozessen.

Austausch mit interessierten Dritten unterstützen: In einem Workshop mit Vertretern aus Stadtentwicklung und Bauleitplanung, Jugendhilfe und Sport unterstützte die wissenschaftliche Prozessbegleitung die Diskussion mit Erkenntnissen über Beteiligungserfahrungen Jugendlicher bei der Planung und Gestaltung von Sport- und Bewegungsangeboten.

Bericht und Abschlussreflexion: Das Programmteam konnte Hinweise aus der wissenschaftlichen Prozessbegleitung nutzen, weil das Berichtswesen passend terminiert wurde: nicht einmalig und erst am Ende der Laufzeit, sondern schon im Prozess hat die Begleitung Zwischenstände (in Thesenform) berichtet. Auf diese Weise eröffnete sich der Programmsteuerung Raum für Reflexionen sowie die Möglichkeit, Hinweise für ihr weiteres Arbeiten abzuleiten. Auch dem Abschlussbericht zur wissenschaftlichen Prozessbegleitung entnahm das Programmteam von SPIELRAUM diverse Reflexionsanreize. Weiter wurden Auswertungen im Sinn des Informations- und Wissensmanagement mit entsprechenden Tools programmübergreifend in die Stiftung getragen.

4   Abschließende Betrachtungen

Interaktion und Kommunikation können als wesentliche Faktoren angesehen werden, wie Erkenntnisse aus wissenschaftlichen Prozessbegleitungen (oder Evaluationen) für praktisch Handelnde zugänglich werden. Sei es für die Programmsteuerung in der DKJS, für (sozial-) pädagogische Akteure vor Ort oder für interessierte Dritte. Ein gelungenes Beispiel aus SPIELRAUM: Das wissenschaftliche Begleitteam zeichnete ein differenziertes Bild von beteiligten Jugendlichen – von ihren Bedürfnissen, ihrer Vielfalt, ihren Identitäts- und Zugehörigkeitskonstruktionen – und erhöhte damit die „Zielgruppen"- Kenntnis der Programmsteuerung. Diskutiert wurde daraufhin die Notwendigkeit, dass sich Praktikerinnen und Praktiker in ihrem pädagogischen Alltag sicher in von Vielfalt geprägten Gruppen Jugendlicher bewegen können. Im zweiten Schritt wurden entsprechende Steuerungs- bzw. Handlungsmöglichkeiten für die Praxis wie etwa Qualifizierungsformate für Fachkräfte formuliert.

Herausfordernder gestaltete sich der Prozess um die diskursive Verortung des Konstrukts „Verantwortungsgemeinschaften". Die Programmverantwortlichen von SPIELRAUM (DKJS 2007) scheinen mit einem relativ offenen Arbeitsbegriff gestartet zu sein, der sowohl Platz für theorie-konzeptionelle bzw. diskursive Entwicklungsarbeit als auch für die individuelle Ausgestaltung von Projektbeteiligten vor Ort ließ. Welche Deutungen möglich sind zeigen zum Beispiel Caroline Fritsche und Mandy Schöne in ihrem Beitrag in diesem Band.

Dieser diskursive Verortungsprozess zeigt aber auch, welche unterschiedlichen Hintergründe, Haltungen und Handlungslogiken von Beteiligten in einem wissenschaftlichen Begleitprozess (bzw.in der Evaluationspraxis) aufeinandertreffen können. Da gab es ein diskursives Erkenntnisinteresse und dort die Programmpraxis, die einer sehr ausgeprägten Handlungslogik folgte.

Umso wichtiger, die unterschiedlichen Herangehensweisen von Beteiligten in einer wissenschaftlichen Begleitung bzw. Evaluation zu reflektieren und sich auch immer wieder in einen Dialog über das Evaluationsverfahren bzw. die wissenschaftliche Begleitung zu begeben, also den evaluativen Prozess selbst zum Gegenstand einer möglichst reflektierten und systematischen Praxis zu machen. Bemerkenswert für ein solches Vorgehen ist z. B. Lamprechts Ansatz der rekonstruktiven-responsiven Evaluationspraxis[5] (Lamprecht 2012).

Für SPIELRAUM lässt sich bilanzieren, dass das wissenschaftliche Begleitteam, Stiftungsvertreter sowie pädagogische Praktikerinnen und Praktiker im Rahmen der Prozessbegleitung nutzenbringend zusammenwirkten, weil sie sich jeweils für einen reflexiven Austausch geöffnet haben.

Literaturverzeichnis

Bundesministerium für Bildung und Forschung (2004): Konzeptionelle Grundlagen für einen Nationalen Bildungsbericht – Non-formale und informelle Bildung im Kindes- und Jugendalter. http://www.bmbf.de/pub/nonformale_und_informelle_bildung_kindes_u_jugendalter.pdf. 30. Oktober 2008.

Castro Varela, Maria do Mar (2006): Evaluation der Stand Up Speak Projekte Deutschland. http://www.dkjs.de/fileadmin/bilder/Aktuell/pdfs/EvaluationSUSU06.pdf. 30. März 2012.

Combrink, Claudia/Rulofs, Bettina/Schmitt, Sabine (2008): Evaluation des Programms „MädchenStärken" der Deutschen Kinder- und Jugendstiftung. http://www.maedchenstaerken.de/fileadmin/ms/dokumente/pdf/MS_Abschlussbericht.pdf. 30. März 2012.

Deutsche Kinder- und Jugendstiftung (DKJS) SPIELRAUM (2007): Was ist SPIELRAUM. http://www.spielraum-online.net/index.php?id=9. 15. Mai 2012.

Kessl, Fabian/Reutlinger, Christian (Hrsg.) (2010): Sozialraum. Eine Einführung. Wiesbaden: VS Verlag für Sozialwissenschaften.

Lamprecht, Juliane (2012): Rekonstruktiv-responsive Evaluation in der Praxis. Neue Perspektiven dokumentarischer Evaluationsforschung. Wiesbaden: VS Verlag für Sozialwissenschaften.

Meyer, Wolfgang (2010): Evaluationsumfeld. In: Stockmann et al. (2010): 235–260.

---

5   Im Rahmen des Programms „Tandem. Unterschiede managen" (eine Initiative im Rahmen des Bildungsfensters Trier der Nikolaus-Koch-Stiftung und der Deutschen Kinder- und Jugendstiftung) entwickelte Lamprecht einen Ansatz für eine Methodik der Moderation in Evaluationen auf Basis rekonstruktiver Verfahren. Der Interaktionsprozess zwischen Evaluationsteilnehmden rückt hier bewusst in den Fokus.

Neuber, Nils (Hrsg.) (2010): Informelles Lernen im Sport. Beiträge zur allgemeinen Bildungsdebatte. Wiesbaden: VS Verlag für Sozialwissenschaften.

Schröder, Ute B./Streblow, Claudia (Hrsg.) (2007): Evaluation konkret. Fremd- und Selbstevaluationsansätze anhand von Beispielen aus Jugendarbeit und Schule. Opladen: Barbara Budrich.

Stockmann, Reinhard (2004): Evaluationsforschung. Grundlagen und ausgewählte Forschungsfelder. Sozialwissenschaftliche Evaluationsforschung Band 1. Opladen: Leske + Budrich.

Stockmann, Reinhard/Caspari, Alexandra/Meyer, Wolfgang (Hrsg.) (2010): Evaluation. Eine Einführung. Stuttgart: Barbara Budrich.

Streblow, Claudia (2007): Dialogorientierte Evaluation. Beispiele und Thesen aus der Arbeit der Deutschen Kinder- und Jugendstiftung. In: Schröder; Streblow (2007): 165–182.

Bild 2: Workshopteilnehmende malen gemeinsam das offizielle Spielraumsignet im Rahmen des Eröffnungsfests des „Spielraums" in Zürich am 3. Juni 2009: Damit ist der Spielraum eröffnet! © Deutsche Kinder- und Jugendstiftung

Bild 3: Alles steht bereit für die Eröffnung des Spielraums in Zürich, dem sogenannten „Freestyle-Abschnitt" der Hohlstrasse an der Bäckeranlage: Anhänger für Speaker und Bühne zur Präsentation der Workshop Ergebnisse © Schtifti Foundation

Bild 4: Gemeinsames Aneignen des neuen Spielraums: Vertreter der Stifti Foundation mit einem Workshopteilnehmenden © Schtifti Foundation

Fabian Kessl | Christian Reutlinger

Wissenschaftliche Prozessbegleitung: Reflexiver Dialog und Lehrforschung als Evaluationsinstrumente

1 Das Modell der wissenschaftlichen Prozessbegleitung als Herstellung eines reflexiven Dialograumes

Die Evaluation von SPIELRAUM war als dialogisches Qualitätsinstrument konzipiert (Streblow 2007: 165ff.). Dieses dialogische Verständnis einer Programmevaluation findet seinen Niederschlag in der Anlage der Evaluation als einer *wissenschaftlichen Prozessbegleitung* (siehe auch Bayer/Reutlinger 2006, 2007). Evaluationen werden bis heute häufig als externe Reflexion über die „systematische Sammlung und Analyse von nicht routinemäßig verfügbaren Informationen" in Bezug auf ein bestimmtes Projekt oder Programm verstanden (Proeval: Fachbegriffe der Evaluation; Quelle: http://www.proeval.com/ downloads/Fachbegriffe-der-Evaluation.pdf; Stand: 17.01.2012). Zwar ist mit der Etablierung von formativen, das heißt prozessgestaltenden, als Alternative zu summativen, das heißt ergebnisorientierten Evaluationsverfahren die Position der EvaluatorInnen nicht mehr nur auf diejenige von Ex-Post-Analytikern festgelegt. Schließlich ist das Ziel formativer Evaluationsprozesse gerade die Mitgestaltung von Entwicklungsprozessen – beispielsweise im Fall eines noch in der Entwicklung stehenden Projektes oder Programmes. Dennoch bleibt die Rolle der EvaluatorInnen auch im Fall einer formativen Evaluation in Bezug auf die Projekt- oder Programmverantwortlichen eine weitgehend externe Position (vgl. Thierling 2005). Im Unterschied dazu zielt das für die Evaluation des Programms SPIELRAUM entwickelte Modell einer „wissenschaftlichen Prozessbegleitung" bewusst und gezielt auf eine prozessimmanente Positionierung der Evaluatoren. Ihre Position ist dabei weder mit der von Programmverantwortlichen, der von Standortverantwortlichen oder anderer Standortakteure noch von PlatznutzerInnen zu verwechseln (zur „Doppel- und Mehrfachrolle" siehe Schwarz 2003: 20f.). Insofern geht die wissenschaftliche Prozessbegleitung auch nicht im Modell einer *action research* auf, wie sie vor allem von

49

Kurt Lewin als Kritik an dem experimentellen Empirismus der Psychologie vor-geschlagen wurde, und gerade die Verwischung der Positionen von Forsche-rInnen und anderen AkteurInnen ins Zentrum stellte (Lewin 1948). Dennoch schließt das Modell der wissenschaftlichen Prozessbegleitung insofern an Prä-missen der Aktionsforschung im Lewinschen Sinne an, als die *gemeinsame* Pro-zessentwicklung des konkreten Programms SPIELRAUM im Zentrum des Inte-resses steht. Der Beitrag der Evaluatoren war es, diese Prozessentwicklung mit Reflexionsangeboten zu unterstützen, die den anderen AkteurInnen aufgrund ih-res alltäglichen Handlungsdrucks verwehrt sind. Wissenschaftliche Prozessbe-gleitung meint dabei auch, diese Reflexionsangebote zur Diskussion zu stellen, was im vorliegenden Fall im Rahmen so genannter Netzwerktreffen geschah, an denen VertreterInnen aller Standorte, die Programmleitung und temporär auch einzelne PlatznutzerInnen teilnahmen. Die in diesem Kontext formulierten Dis-kussionsimpulse und -ergebnisse wurden von den Evaluatoren wiederum in die wissenschaftliche Reflexion aufgenommen.

Zentrales Moment der wissenschaftlichen Prozessbegleitung war somit die Herstellung eines „reflexiven Dialograums" zwischen der DKJS, den Pro-grammverantwortlichen der lokalen Standorte und den Evaluatoren, eine me-thodische Durchführung der Evaluation, die eine schrittweise Rückführung und Diskussion der gewonnenen Erkenntnisse als Reflexionsangebote und die Auf-nahme der Diskussionsimpulse und -ergebnisse in den weiteren Evaluationspro-zess ermöglichte und schließlich die Ausbildung eines entsprechenden Selbst-verständnisses hinsichtlich der eigenen Rolle im Programm SPIELRAUM auf Seiten aller beteiligten AkteurInnen.

Neben dem Instrument des reflexiven Dialogs wurde im Rahmen der wis-senschaftlichen Prozessbegleitung das Instrument der Lehrforschungsgruppen eingesetzt. Damit konnte die Zugangsschwelle der ForscherInnen zu dem spe-zifischen Feld der offenen Kinder- und Jugendarbeit deutlich gesenkt werden. Außerdem ermöglichte die Struktur der Lehrforschungsgruppen in der Auswer-tungsphase ein interpretatives Vorgehen im Stile von Forschungswerkstätten, und damit eine an das Modell der Interpretationsgruppen angelehnte Vorgehens-weise. Dies wäre ausschließlich auf Basis der beschränkten personellen Res-sourcen, die mit zwei Evaluatoren zur Verfügung standen, nicht in derselben Weise möglich gewesen.

Zugleich hat der Einsatz von Studierenden in Lehrforschungsgruppen sich mit den Beschränkungen auseinanderzusetzen, denen Forschungsnovizen unter-liegen: Aufgrund der fehlenden Erfahrungsbasis verfügen sie noch nicht über die Position und die Souveränität im Forschungsprozess, die während der Feld-aufenthalte und der damit verbundenen Datenerhebungsphasen, gerade im Fall qualitativer Vorgehensweisen hilfreich und erforderlich sind. Daher war eine enge, und damit relativ personalintensive Betreuung der Lehrforschungsgruppen im Rahmen der wissenschaftlichen Prozessbegleitung unausweichlich. Diese Strukturbedingung hat sich innerhalb der Auswertungsphase nochmals bestätigt, in der die TeilnehmerInnen der Lehrforschungsgruppen auf Systematisierungs- und Kontextualisierungshinweise erfahrener ForscherInnen angewiesen waren. Aber auch wenn die Übernahme einer solchen Mentorenrolle durch die Betreuer gut gelingt, kann die Güte der Forschungsergebnisse nicht den Grad erreichen, der im Rahmen eines Evaluationsprojektes erreichbar wäre, das ausschließlich von erfahrenen ForscherInnen durchgeführt wird.

Diese Einschränkung bekommt im vorliegenden Fall noch dadurch zusätzliches Gewicht, dass die Kombination des Instruments der Lehrforschungsgruppen mit dem des reflexiven Dialogs die Realisierungsbedingungen der empirischen Vorgehensweise limitierten: Die kontinuierliche Bereitstellung von Reflexionsangeboten machte es erforderlich, bereits parallel zur Auswertungsphase erste Evaluationsergebnisse auf ihr Reflexionspotenzial zur Mitgestaltung des weiteren Entwicklungsprozesses zu beleuchten – und sie ggf. bereits den Programmverantwortlichen, den Standortverantwortlichen oder anderen StandortakteurInnen wie den PlatznutzerInnen zur Diskussion anzubieten und damit zugänglich zu machen. Damit kann auf die für die Aktionsforschung markierte Gefahr einer Untertheoretisierung reagiert, aber diese nicht generell verhindert werden: Die vorschnelle Formulierung von Evaluationsergebnissen kann in die Gefahr geraten, weder die notwendige Stufe der theoretischen und empirischen Sättigung von Ergebnisanalysen zu erreichen noch die mögliche systematische Kontextualisierung des Datenmaterials.

Diese strukturellen Einschränkungen stehen im Spannungsfeld zu den Vorzügen – erstens – einer wissenschaftlichen Prozessbegleitung im Rahmen einer Programmevaluation, wie sie eingangs dargestellt wurden, und – zweitens – eines Einsatzes von Lehrforschungsgruppen, wie er im Folgenden am Beispiel der Evaluation des Programms SPIELRAUM illustriert wird.

2 Lehrforschung als zentrales Element der länderübergreifenden Forschungskooperation

Das Instrument der Lehrforschungsgruppen basiert konzeptionell auf der zentralen Annahme einer Relevanz von „forschendem Lernen" (Jakob 1998; vgl. Thon et al. 2005) im Rahmen einer akademischen Ausbildung, wie einem Hochschulstudium mit Schwerpunkt Soziale Arbeit. Im Prozess der eigenständigen Auseinandersetzung mit konkreten Phänomenen erproben Studierende unter

fachlicher Anleitung den Einsatz wissenschaftlichen Wissens und forschungs-
methodischer Zugänge. Damit können solche Perioden der Lehrforschung, die
beispielsweise in Form von *Projektstudien* realisiert werden (Hänsel 1999; Dewey 1916), als Kondensationskerne des Professionalisierungsprozesses verstanden werden. Im gelungenen Fall werden jene somit zu entscheidenden Anteilen
eines hochschulischen Studiums.

Im Zentrum von Lehrforschungsprojekten in einem Studium der Sozialen Arbeit steht die systematische Bearbeitung von Fragen, die sich im Kontext konkreter sozialpädagogischer Handlungsvollzüge stellen. Es geht also um
die unmittelbare Konfrontation mit den Anforderungen sozialpädagogischer
Handlungspraxis selbst und deren selbsttätige Reflexion durch die Studierenden. Zugleich wird diese Erfahrung nicht aus der Position einer Fachkraft innerhalb einer sozialpädagogischen Dienstleistungsorganisation gemacht, sondern
aus der Rolle der ForscherIn. Damit ist eine von dem konkretem Handlungsdruck entlastete Situation möglich, die es sowohl erlaubt, die Phasen eines For-
schungsprozesses eigenständig zu erfahren als auch deren gezielte methodische
Bearbeitung. In dieser Situation ist damit die Entwicklung und Erprobung re-
flexiver Korrespondenzfolien in Bezug auf die sozialpädagogische Fallbearbei-
tung möglich. Entlastung von Handlungsdruck meint dabei die Freistellung von
der organisational-konzeptionellen Formierung der sozialpädagogischen Fall-
bearbeitung. Die Anforderung, Fälle in bestimmten institutionalisierten Logiken
zu bearbeiten, entsprechende sozialpädagogische Anamnese- oder Diagnose-
schritte ebenso wie eine vorgegebene Falldokumentation vollziehen zu müssen, liegt in Lehrforschungssettings nicht vor. In diesem Sinne kann in Lehrforschungsprojekten die Ausbildung einer systematischen Brücke zwischen den
unterschiedlichen Wissensformen (pädagogisches Ausbildungswissen, praktisches Handlungswissen und wissenschaftliches Forschungswissen) und damit
die Ausbildung eines sozialpädagogischen Professionswissen als Basis einer
professionellen Handlungskompetenz vorbereitet werden. Einschränkend ist zugleich hinzuzufügen, dass Lehrforschungsprojekte selbstverständlich in einem
eigenen institutionalisierten Setting stehen, der sich nicht zuletzt in den jeweiligen Curricula der Studiengänge materialisiert. Um den Prozess des forschenden Lernens als eigenständige forscherische Auseinandersetzung anzulegen, gilt
es deshalb auch innerhalb eines Lehrforschungsprojektes selbst einen reflexiven Dialograum herzustellen, das Ideal der (selbst)reflexiven Praxis also auch
als Orientierungsrahmen für die Ausgestaltung des Bildungsprozesses der Studierenden aufzustellen.

Alle TeilnehmerInnen der Lehrforschungsgruppen waren zum Zeitpunkt ihres Engagements in einer der drei Lehrforschungsgruppen als Studierende der
Sozialen Arbeit (Sozialarbeit, Sozialpädagogik) entweder an der FHS St. Gallen

oder der Universität Duisburg-Essen eingeschrieben. An beiden Hochschulen ist im Studienverlauf die Durchführung eines eigenständigen Lehrforschungsprojekt vorgesehen (Laufzeit: ein bzw. zwei Semester). Ein Teil der Studierenden beteiligte sich an dem Lehrforschungsprojekt im Rahmen ihrer ersten akademischen Ausbildung (B.A.), also als angehende sozialpädagogische Fachkräfte in Ausbildung. Ein anderer Teil der Teilnehmerinnen verfügte als Masterstudierende (M.A.) bereits sowohl über einen ersten einschlägigen Fachabschluss als auch erste Berufserfahrungen in Feldern der Sozialen Arbeit.

Institutionelle Basis für den Einsatz der Lehrforschungsgruppen im Rahmen der wissenschaftlichen Prozessbegleitung des Programms SPIELRAUM waren langjährige und bewährte inter-institutionelle Kooperationserfahrungen zwischen den Evaluatoren als Mitglieder der beiden beteiligten Hochschulen. In deren Mittelpunkt stehen Forschungs- und Theoriearbeiten zu einer interdisziplinären Sozialraumforschung und Sozialraumarbeit. Dieser Kontext erwies sich im Laufe der Durchführung der wissenschaftlichen Prozessbegleitung als sehr tragfähige und produktive Basis für die spezifischen Herausforderungen eines solchen Einsatzes von Lehrforschungsgruppen in einer länderübergreifenden Kooperation. Im Sinne eines ermöglichenden Studienkontextes gelang es durch diese Kooperation darüber hinaus, zusätzliche unterstützende Lehrressourcen für das Projekt zu erschließen: Hochschulintern konnte das relativ personalaufwändige Methodencoaching für die Lehrforschungsgruppen an beiden Standorten angeboten und somit eine intensive forschungsmethodische Betreuung der Studierenden gewährleistet werden. Im Rahmen eines bi-nationalen Austauschprogramms konnten die Evaluatoren zudem im Rahmen eines Lehrenden-Austauschs gemeinsam mit beiden Lehrforschungsgruppen zu einem zweitägigen Workshop an der FHS St. Gallen zusammenkommen. Hierbei wurde intensiv an der Datenauswertung und -interpretation gearbeitet.

Mit dieser begleitenden Betreuungsinfrastruktur konnte der größte Anteil des zusätzlichen Aufwands, der durch eine Einbindung von Lehrforschungsgruppen entstanden ist, substituiert werden.

An beiden Standorten fand zur Vorbereitung der Erhebungsphase eine Methodenschulung und begleitend ein Methodencoaching statt und anschließend an die Erhebung mehrere Forschungswerkstätten zur angeleiteten Dateninterpretation. Übergreifendes Ziel dieser Angebote war neben der Gewährleistung einer adäquaten Durchführung der Erhebung und Datenaufarbeitung die Vermittlung einer Forschungshaltung im Sinne eines qualitativ-empirischen Vorgehens. Mit einer zwar begleiteten, aber ansonsten selbständigen Vorbereitung und Durchführung der Erhebungsphasen konnte ein solcher erfahrungsbasierter Bildungsprozess erreicht und die erforderliche eigene Forschungshaltung ausgebildet werden.

Der Fokus der *Methodenschulung* richtete sich auf

- die Organisation und Realisierung des Feldzugangs,
- die Vorbereitung der Feldphase und die dazu notwendige Erarbeitung methodischer Instrumente (z. B. Leitfaden für die Gruppendiskussionen),
- die Durchführung des Feldaufenthalts (u.a. Dokumentationsmethoden),
- die Einübung einer Haltung des methodisch kontrollierten Fremdverstehens, insbesondere mit Blick auf die Beobachtungsanteile im Rahmen der Erhebung,
- die Ausbildung einer Expertise hinsichtlich der gewählten Erhebungsinstrumente, der „Gruppendiskussionen" und der begleitenden Beobachtungsanteile, und
- die Einübung eines interpretativen Auswertungszugangs in Form eines thematischen Kodierens.

Um eine Aneignung dieses forschungsrelevanten Wissens und Könnens zu ermöglichen, wurde gemeinsam Grundlagenliteratur sowie ausgewählte Literatur zu den ausgewählten forschungsmethodischen Zugängen (u.a. zur hermeneutischen Wissenssoziologie und zur Grounded Theory) aufgearbeitet. Außerdem wurden mit allen Lehrforschungsgruppen Übungseinheiten zu den ausgewählten Erhebungs-, Dokumentations- und Interpretationsverfahren durchgeführt.

Das *Methodencoaching* war gekennzeichnet durch einen hohen Grad der Prozessorientierung: Aufkommende Fragen oder methodische Unsicherheiten wurden dann bearbeitet, wenn sie für die Mitglieder der Lehrforschungsgruppen relevant wurden, das heißt ihr Bezug zum Forschungsprozess für die Studierenden evident war.

Im Rahmen der *Forschungswerkstätten* stand vor allem die Interpretation und Analyse der erhobenen qualitativ empirischen Daten im Mittelpunkt.

Projektspezifische Anliegen konnten darüber hinaus in Form individuell vereinbarter Gruppentreffen bearbeitet werden. Eine Online-Plattform wurde von den Mitgliedern der Lehrforschungsgruppen eingerichtet und genutzt, um Literatur, Fragen zur Forschungsmethodik und die gemachten Erfahrungen im Forschungsfeld auszutauschen.

3 Abschließendes Resümee zum Einsatz von reflexivem Dialog und Lehrforschung als Evaluationsinstrumente

Die Lehrforschungsgruppen erwiesen sich im vorliegenden Fall als entscheidender Feldzugangsvorteil: Im Sinne des Professionsmodus, wie er in der offenen Kinder- und Jugendarbeit gepflegt wird, wurden die Studierenden aufgrund ihres Alters, aber auch ihrer pädagogischen Vorerfahrungen im Feld, von den jugendlichen PlatznutzerInnen als „Ungleiche unter Gleichen" (vgl. Giesecke 2000: 36) anerkannt.

Jede der Lehrforschungsgruppen zeichnete für die Datenerhebung und zentrale Anteile der Auswertung an einem der drei evaluierten Projektstandorte verantwortlich. Daher stellte sich für die Betreuung der Lehrforschungsgruppen die Aufgabe, deren TeilnehmerInnen einerseits als standortbezogene ExpertInnen auszubilden – ihnen also einen *standortspezifischen* Blick zu ermöglichen – und andererseits immer auch ihre Orientierung an der standortübergreifenden Gesamtperspektive des Programms zu gewährleisten – die von ihnen gemachten Erkenntnisse also als Teil des gesamten *Programmzusammenhangs* zu lesen. Nur so konnte gewährleistet werden, dass die Lehrforschungsgruppen standortspezifische Details auch als solche erkennen und zugleich relevante Standortspezifika nicht vorschnell als standortübergreifende Programmphänomene kategorisieren.

Den Studierenden gelang es im Laufe der Projektphasen sehr überzeugend, sich den Status der Expertin oder des Experten für einen der Standorte zu erarbeiten. Zugleich gelang ihnen aber auch, die gleichzeitige standortspezifische *und* programmperspektivische Fokussierung.

Alle drei Lehrforschungsgruppen legten am Ende des Lehrforschungsprozesses einen ausführlichen Projektbericht vor. Die darin vorgestellten Ergebnisse bildeten die Grundlage der Ergebnisdarstellung zur Handlungsebene der jugendlichen Akteure an den Projektstandorten (vgl. den Beitrag zu den „Handlungs- und Spielräumen Jugendlicher" in diesem Band).

Die gewählte Gruppengröße von vier Studierenden pro Standort erwies sich sowohl hinsichtlich der Organisation der Feldphasen (v.a. Transport, Unterbringung und Kommunikation) als auch in Bezug auf die forschungsmethodische Anlage der wissenschaftlichen Prozessbegleitung im Sinne eines qualitativen Vorgehens als ideale Grösse (v.a. in Bezug auf die Durchführung der Erhebungen, Einteilung der Beobachtungstandems und die Organisation in hermeneutischen Interpretationsgruppen).

Die höchst ertragreiche und von den Studierenden als sehr positiv beschriebene Einbindung der Lehrforschungsgruppen in die wissenschaftliche Prozessbegleitung stellt nach Einschätzung der Evaluatoren ein zukunftsweisendes Instrument der Verkopplung von akademischer Lehre und Forschung dar. Nach Selbstauskunft der Studierenden schätzten diese insbesondere die Möglichkeit, an einer „Realevaluation" mitzuwirken und nicht nur ein quasi-experimentelles Lehrforschungsprojekt zu erleben, als großen persönlichen und fachlichen Gewinn. Zugleich darf nicht verschwiegen werden, dass dieses innovative Modell einen relativ hohen und kontinuierlichen Betreuungsaufwand erforderlich macht. Im vorliegenden Fall wurde dieser Sachverhalt noch dadurch verstärkt, dass die Lehrforschungsgruppen an zwei Hochschulstandorten in unterschiedlichen Ländern angesiedelt waren.

Dennoch sollte das im Rahmen von Auftragsevaluationen bisher eher selten eingesetzte Instrument der Lehrforschungsgruppen in Zukunft häufiger bedacht werden. Es erfordert allerdings, sowohl auf Seiten der Auftraggeber eine Bereitschaft, an der Güte der Forschungsergebnisse Abstriche gegenüber den möglichen Ergebnissen, die erfahrene ForscherInnen vorlegen könnten, in Kauf zu nehmen, und auf Seiten der Evaluatoren die Bereitschaft, die notwendige intensive Betreuungs-, Anleitungs- und Begleitungsleistung zu erbringen, die Forschungsnovizen benötigen, um unter Realbedingungen nicht in alle Fallstricke zu geraten.

Literaturverzeichnis

Arnold, Helmut/Böhnisch, Lothar/Schröer, Wolfgang (Hrsg.) (2005): Sozialpädagogische Beschäftigungsförderung. Lebensbewältigung und Kompetenzentwicklung im Jugend- und jungen Erwachsenenalter. Übergangs- und Bewältigungsforschung – Studien zu Sozialpädagogik und Erwachsenenbildung. Weinheim/München: Juventa-Verlag.

Bayer, Michael/Reutlinger, Christian (2006): Die Kluft zwischen Leitbild und Praxis überbrücken. In: Caritas (2006): 18–20.

Bayer, Michael/Reutlinger, Christian (2007): Wissenschaftliche Begleitung als reflektierende Praxis. In: Gerstner et al. (2007): 215–221.

Caritas (Hrsg.) (2006): Neue Caritas 107. Freiburg im Breisgau.

Dewey, John (1916): Democracy and education. An introduction to the philosophy of education. Text-book series in education. New York: Free Press.

Gerstner, Wolfgang/Kniffki, Johannes/Reutlinger, Christian/Zychlinski, Jan (Hrsg.) (2007): Deutschland als Entwicklungsland. Transnationale Perspektiven sozialräumlichen Arbeitens. „caritas international – Brennpunkte". Freiburg im Breisgau: Lambertus.

Giesecke, Hermann (2000): Politische Bildung. Didaktik und Methodik für Schule und Jugendarbeit. Weinheim: Juventa-Verlag.

Hänsel, Dagmar (1999): Projektunterricht. Ein praxisorientiertes Handbuch. Weinheim: Beltz.

Jakob, Gisela (1998): Forschendes Lernen – Lernendes Forschen. Rekonstruktive Forschungsmethoden und pädagogisches Handeln in der Ausbildung. In: Rauschenbach; Thole (1998): 199–224.

Lewin, Kurt (1948a): Aktionsforschung und Minderheitenprobleme. In: Lewin (1948): 278–298.

Lewin, Kurt (Hrsg.) (1948b): Die Lösung sozialer Konflikte. Ausgewählte Abhandlungen über Gruppendynamik. Bad Nauheim: Christian-Verlag.

Rauschenbach, Thomas/Thole, Werner (Hrsg.) (1998): Sozialpädagogische Forschung. Gegenstand und Funktionen, Bereiche und Methoden. Weinheim/München: Juventa-Verlag.

Schröder, Ute B./Streblow, Claudia (Hrsg.) (2007): Evaluation konkret. Fremd- und Selbstevaluationsansätze anhand von Beispielen aus Jugendarbeit und Schule. Opladen: Barbara Budrich.

Schwarz, Christine: Von der Messtechnik zur Mediation? Rollenerwartung und Selbstverständnis in der Medienevaluation. In: Zeitschrift für Evaluation 1. 2. 2003.

Streblow, Claudia (2007): Dialogorientierte Evaluation. Beispiele und Thesen aus der Arbeit der Deutschen Kinder- und Jugendstiftung. In: Schröder; Streblow (2007): 165–182.

Thierling, Christiane (2005): Ein Plädoyer für eine Anerkennungsorientierung in der Evaluation. Zur wissenschaftlichen Begleitung von biographieorientierten Beschäftigungsprojekten. In: Arnold et al. (2005): 217–232.

Thon, Christine/Rothe, Daniela/Mecheril, Paul/Dausien, Bettina (2005): Qualitative Forschungsmethoden im erziehungswissenschaftlichen Studium. Universität Bielefeld. http://bieson.ub.uni-bielefeld.de/volltexte/2006/810/html/index.html. 12. Februar 2011.

Caroline Fritsche | Nadine Günnewig |
Fabian Kessl | Christian Reutlinger

Handlungs- und Spielräume der Kinder und Jugendlichen: Die Bewältigungsmuster der PlatznutzerInnen

Innerhalb der ersten Phase der wissenschaftlichen Prozessbegleitung stand die Handlungsebene der jugendlichen AkteurInnen im Fokus. Die erste leitende Fragestellung lautete dabei: *Welche Bewältigungsmuster der Kinder und Jugendlichen lassen sich an den untersuchten SPIELRAUM-Plätzen nachzeichnen?* Die Analyse der Bewältigungsmuster hatte zum Ziel, Anhaltspunkte für eine pädagogisch-professionelle Ermöglichung und Förderung der Handlungs- und Spielräume der Kinder und Jugendlichen herauszuarbeiten. Die Bewältigungsmuster bildeten also den Ausgangspunkt für die Beantwortung der Frage nach der pädagogischen Ausgestaltung der lokalen SPIELRÄUME. Konsequenterweise war für die wissenschaftliche Prozessbegleitung noch eine zweite Fragestellung leitend: *Inwiefern und in welcher Weise kann Handlungsfähigkeit in Bezug auf die jugendlichen Bewältigungsmuster pädagogisch-professionell ermöglicht und gefördert werden?*

Die Ergebnisse der empirischen Untersuchung wurden während der Evaluation – ganz nach dem Verständnis der wissenschaftlichen Prozessbegleitung (siehe entsprechender Beitrag in diesem Band) – in verschiedensten Konstellationen mit den unterschiedlichen Programm-Beteiligten diskutiert. Die entsprechenden Diskussionsimpulse und -ergebnisse fanden anschließend wieder Eingang in die Analysen selbst.

1 Die Untersuchung der jugendlichen Bewältigungsmuster an den drei Standorten – zur Vorgehensweise

Caroline Fritsche, Nadine Günnewig, Fabian Kessl, Christian Reutlinger

Der wissenschaftlichen Prozessbegleitung liegt das theorie-konzeptionelle Modell der Bildungsräume zugrunde (siehe entsprechender Beitrag in diesem

Band). Dieses verweist für die Untersuchung der Perspektive der jugendlichen AkteurInnen darauf, dass die analytische Inblicknahme von Bildungsprozessen im Kontext pädagogischer Angebote dann möglich wird, wenn die Bewältigungsmuster der PlatznutzerInnen empirisch erschlossen werden.

Zu diesem Zweck wurde ein methodisches Vorgehen gewählt, das sich an einer qualitativen Methodologie orientiert und zugleich an den Grundsätzen einer „mitagierenden Sozialforschung" (vgl. Reutlinger 2003, 2008). Für die Erhebungsphase bedeutete dies zum einen die Anwendung von teilnehmenden Formen der Beobachtung, die darauf zielten, Erkenntnisse über das Handeln von Kindern und Jugendlichen an den konkreten Plätzen zu gewinnen. Dazu haben sich die ForscherInnen direkt in die zu untersuchenden sozialen Zusammenhänge begeben und Daten in der natürlichen Umgebung der konkreten Plätze in Berlin, Wien und Zürich gesammelt (vgl. Breidenstein 2006: 9ff.). Ziel dieses teilnehmend-beobachtenden Vorgehens war die Analyse der spezifischen „lokale(n) Praktiken" der PlatznutzerInnen (Hirschauer/Amann 1997: 23). Handlungsleitend war die Annahme, „dass durch die Teilnahme an face-to-face-Interaktionen bzw. die unmittelbare Erfahrung von Situationen Aspekte des Handelns und Denkens beobachtbar werden, die in Gesprächen und Dokumenten – gleich welcher Art – über diese Interaktionen bzw. Situationen nicht in dieser Weise zugänglich wären" (Lüders 2003: 151).

Darüber hinaus wurden Diskussionen in Gruppen von Kindern bzw. Jugendlichen auf den Plätzen durchgeführt, und damit der analytische Blick auf *kollektive Deutungsmuster*, die soziale Praxis der kollektiven Sinnproduktion also, geworfen. Eine entsprechende empirische Perspektive hat in den vergangenen Jahren nicht zuletzt Ralf Bohnsack (1997, 2004) auf Basis seiner Forschungserfahrungen mit Jugendlichen für den deutschsprachigen Raum methodologisch ausgearbeitet. Die Stärken solcher Gruppendiskussionsverfahren liegen nach Bohnsack et al (2006: 7) „vor allem in der Möglichkeit der Rekonstruktion kollektiver Orientierungsmuster, also des milieu- und kulturspezifischen Orientierungswissens innerhalb und außerhalb von Organisationen und Institutionen. Die handlungsleitende Qualität dieses Orientierungswissen eröffnet den Zugang zur Handlungspraxis". Dabei ist entscheidend, dass die analysierte Gruppenmeinung „keine ‚Summe' von Einzelmeinungen (ist), sondern das Produkt kollektiver Interaktionen" (Bohnsack 2003: 493). Dabei kennzeichnen „kollektive Orientierungsmuster" die Bereiche mit gemeinsamen und kollektiven Interessenspunkten der Gruppenmitglieder, welche sich auf die Wahrnehmung, das Denken und das Handeln der an der Gruppendiskussion beteiligten Mitglieder auswirken. Die Erschließung dieser Orientierungsstruktur auf Seiten der jugendlichen PlatznutzerInnen war somit die Aufgabe der ForscherInnen.

Die qualititative Analyse wurde durch eine Erhebung einiger grundlegender soziodemografischer Daten von den Kindern und Jugendlichen ergänzt, die an den Gruppendiskussionen beteiligt waren. Diese Daten erlaubten eine zusätzliche Kontextualisierung der analysierten Deutungsmuster. Eine ursprünglich geplante breitere und weiterführende Erhebung soziodemografischer Daten aller NutzerInnen der drei in die wissenschaftliche Begleitung einbezogenen Plätze bzw. der dort angesiedelten Angebote der offenen Kinder- und Jugendarbeit über die gesamte Programmlaufzeit wurde bereits zu Beginn der wissenschaftlichen Prozessbegleitung aus forschungspragmatischen Gründen verworfen.

Im Rückblick hat sich das gewählte qualitative Evaluationsdesign als optimal für die Realisierung der wissenschaftlichen Prozessbegleitung des Programms SPIELRAUM erwiesen. Die Anlage der Evaluation als wissenschaftliche Prozessbegleitung (siehe entsprechender Beitrag in diesem Band) machte einen offenen Evaluationsprozess erforderlich, um die kontinuierliche Mitgestaltung des Entwicklungsprozesses durch die Reflexionsangebote aus der Evaluatorenperspektive zu ermöglichen.

Die durchgeführten Erhebungsphasen im Rahmen der wissenschaftlichen Prozessbegleitung lassen sich folgendermaßen unterteilen:

- *Vorbereitungsphase – Aneignung relevanter wissenschaftlicher Erkenntnisse und Leitfadenentwicklung:* Auf Basis grundlegender wissenschaftlicher Erkenntnisse wurde das heuristische Modell der Bildungsräume (siehe entsprechender Beitrag in dem Band) und in Korrespondenz dazu ein Leitfaden für die Gruppendiskussionen mit den jugendlichen PlatznutzerInnen entwickelt. Handlungsleitend war dabei, Fragen zu generieren, welche es ermöglichten, die Einschätzungen der GesprächspartnerInnen zu ihren Bewältigungsmustern vor Ort und damit ihren (potenziellen) Handlungs- und Spielräumen zu erheben.

- *Erhebungsphase – Feldzugang und Feldphase:* Die Terminierung der Erhebungsphase geschah jeweils in enger Absprache mit den Projektverantwortlichen vor Ort. Damit wurde versucht, standortspezifische Entwicklungen und Veranstaltungen zu berücksichtigen, um Terminkollisionen zu vermeiden und die Feldphasen auch möglichst in der Weise zu terminieren, dass sie typische Nutzungszeiten umfassen. Letzteres sollte der Zugang zu möglichst repräsentativen Gruppen auf Seiten der beteiligten Kinder und Jugendlichen gewährleisten.

Im Rahmen der Erhebung war die Befragung von Kindern und Jugendlichen (2-3 Gruppendiskussionen pro Standort mit etwa 4-5 TeilnehmerInnen) geplant, wobei sowohl geschlechterhomogene wie auch -gemischte und altershomogene Gruppen befragt werden sollten. Um einen gewissen Grad der Vergleichbarkeit zu gewährleisten, war außerdem angestrebt, an jedem der drei Standorte möglichst eine Mädchengruppe, eine Kindergruppe und eine Jugendlichengruppe zu befragen. Eine Umsetzung dieses idealtypischen Vorgehens war aufgrund der spezifischen Bedingungen an den Projektstandorten in dieser Form nicht möglich. Vielmehr verlangte das Feld eine deutliche Anpassung bei der Gruppenauswahl. Befragt wurden letztlich die nachfolgend dargestellten Gruppen (Tabelle 1).

Stadt	Gruppe	Eigenschaften der Gruppe
Berlin	Gruppe 1 – „Jugendliche"	• Sechs männliche und eine weibliche Jugendliche zwischen 13 und 17 Jahren • Sie besuchen alle die Schule zwischen der 7. und 11. Klasse • Alle Jugendlichen haben einen Migrationshintergrund
	Gruppe 2 – „Kinder"	• Fünf Jungen und ein Mädchen im Alter von 7 bis 11 Jahren • Sie besuchen alle die Schule zwischen der 2. und 5. Klasse • Alle Kinder haben einen Migrationshintergrund
	Gruppe 3 – „Mädchen"	• Sieben weibliche Jugendliche im Alter von 12 bis 19 Jahren • Fünf von ihnen besuchen noch die Schule • Alle haben einen Migrationshintergrund
Wien	Gruppe 1 – „männliche Jugendliche türkischer Migrationshintergrund"	• Fünf männliche Jugendliche zwischen 15 und 19 Jahren • Fast alle haben einen Migrationshintergrund
	Gruppe 2 – „Aktuelle NutzerInnen Underground"	• Sechs junge Erwachsene, drei Frauen, drei Männer, im Alter zwischen 20 bis 26 Jahren
	Gruppe 3 – „männliche Jugendliche"	• Drei männliche Jugendliche • Zwei haben einen Migrationshintergrund
	Gruppe 4 – „Mädchengruppe"	• Zwei Mädchen mit türkischem Migrationshintergrund, 16 Jahre
Zürich	Gruppe 1 – „männliche Jugendliche"	• Jugendliche im Alter von 12 bis 13 Jahren • Sie besuchen die Primarschule • Ein Schweizer Jugendlicher, zwei Jugendliche mit Migrationshintergrund
	Gruppe 2 – „ein Erwachsener, ein Jugendlicher"	• Ein Mann, 26 Jahre, Angestellter bei der Post, ein Jugendlicher 17 Jahre, Schüler 10. Klasse

Tabelle 1: Beschreibung der Kinder und Jugendlichen, die am jeweiligen Standort an den von den Lehrforschungsgruppen durchgeführten Gruppendiskussionen teilgenommen haben.

Neben den Gruppendiskussionen wurden an den Plätzen in Berlin, Wien und Zürich während der Feldaufenthalte teilnehmende Beobachtungen durchgeführt. Dazu teilten sich die Lehrforschungsgruppen (vgl. Beitrag zur Wissenschaftlichen Prozessbegleitung in diesem Band) jeweils in Beobachtungstandems ein, und beobachteten die Platzsituation über mehrere Stunden. Die Ergebnisse wurden in Forschungstagebüchern dokumentiert und in Korrespondenz zu den Ergebnissen der Gruppendiskussionen in die anschließende Analyse einbezogen.

▪ *Auswertungsphase – Konstitution als hermeneutische Interpretationsgruppe und gemeinsamer Workshop:* Die durchgeführten Gruppendiskussionen wurden von den ForscherInnen nach einem einfachen Verfahren vollständig transkribiert. Anschließend wurden diese Transkripte in den einzelnen Lehrforschungsgruppen sozialwissenschaftlich-hermeneutisch ausgewertet (vgl. Soeffner 2004). Die Gruppen fungierten dabei als Interpretationsgruppe oder teilten sich nochmals in solche auf. Im Zentrum des Auswertungsprozesses der Gruppendiskussionen stand die Entschlüsselung der kollektiven Deutungsmuster der Akteursgruppen in Bezug auf ihre Einschätzungen zu Bewältigungsmöglichkeiten und -einschränkungen, die die Plätze ihnen eröffneten.

Ergebnis dieser Interpretationen waren standortspezifische *Thematisierungsdimensionen*, die im Rahmen eines Auswertungsworkshops den anderen Gruppen präsentiert, mit diesen gemeinsam diskutiert und auf dieser Basis auch in eine standortübergreifende Betrachtung überführt wurden.

2 Bewältigungsmuster Jugendlicher und die Analyse zentraler Thematisierungsdimensionen

Studiengruppen Essen & Rorschach[1] (begleitet durch Yvonne Dietz, Caroline Fritsche & Nadine Günnewig)

Im Rahmen der Datenanalyse haben sich vier Thematisierungsdimensionen als zentral herauskristallisiert: *Partizipation, Kritik an Autoritäten, Nutzung(en)* sowie *Zugehörigkeiten*. Entlang dieser Dimensionen werden die zentralen Ergeb-

---

1 Die TeilnehmerInnen der Projektgruppen waren die folgenden Personen: Studentische Projektgruppe Berlin: Tamara Behnke, Janine Bree, Meike Hartmann und Sarah Zimmermann; Universität Duisburg-Essen, M.A.„Soziale Arbeit"; Studentische Projektgruppe Wien: Roman Kalberer, Sonja Suter, Manuela Stähli und Claudia Ruesch, FHS St. Gallen, B.A. „Soziale Arbeit"; Studentische Projektgruppe Zürich: Ümit Altay, Vesna Bajic, Stefanie Bellwald und Angela Scherrer, FHS St. Gallen, B.A. „Soziale Arbeit"

nisse zur Frage nach den Bewältigungsmustern der Kinder und Jugendlichen nachfolgend vorgestellt. Die Darstellung der vier Thematisierungsdimensionen folgt der Chronologie der Ereignisse in den SPIELRAUM-Projekten: Während der Platzgestaltung stand die Frage der Partizipation der Kinder und Jugendlichen und damit verbunden die Frage ihrer Entscheidungsautorität im Zentrum; mit der Platzgestaltung wurde die (erneute) Nutzung erst wieder möglich und vor dem Hintergrund der Inblicknahme der Nutzungspraktiken die Frage der Zugehörigkeiten der Kinder und Jugendlichen bearbeitbar.

2.1 Partizipation

Die dargestellten Sequenzen aus den Gruppendiskussionen stehen stellvertretend dafür, wie die beteiligten Kinder und Jugendlichen den Prozess der Partizipation im Rahmen der Platznutzung erlebten.

Standort Wien

Männliche Jugendliche (15- bis 19-jährig):
„Wir haben bestimmt, was dorthin kommt und so."
„Wir wollen Shisha. (...) Wir wollen sowas auch. Es wird eh nix passieren. Die hören eh nicht auf uns. Wir haben eh gute Ideen, aber (.) die machen das ja nicht. Musik wär gut." (reibt sich am rechten Knie)

Männliche Jugendliche (11- bis 15-jährig):
„Weil wir zugestimmt haben, dass (.) was die meisten Buben spielen wollen. Und das wir das ... also, wie ein Fussballplatz. Die Meisten haben dafür gestimmt, dass ein Fussballplatz geben wird. Gesagt, dann haben die meisten Jungen einfach ja gesagt wir machen mit, weil dann gibt's dort was wir wollen. Dem Platz halt, das wir selber ausgesucht haben."
„... ja wichtig. Weil was wir ausgesucht haben kommt auch dort hin. Deshalb für wichtig."
„Ein Schwimmbad würde ... wäre gut. Ein JUVIVO-Schwimmbad."
„Wie die uns gefragt haben, können wir dann die auch fragen, was die wollen."

Weibliche Jugendliche (16-jährig):
„Ja, es gab schon bestimmte Grenzen. Also ich mein, wir wollten zum Beispiel eine Tanzfläche haben, aber wir durften nur, nur bis zur bestimmten Grenze die Tanzfläche haben, weil die wollen ja auch noch den Fussballplatz und so haben und da kann ich nicht den ganzen Platz nehmen."

Im Gespräch äußert sich eine Gruppe männlicher Jugendlicher (15-19 jährig) sowohl sehr positiv über ihre Teilhabemöglichkeiten an der Platzgestaltung, benennt aber auch Grenzen ihrer Partizipationsmöglichkeiten. Ein Jugendlicher betont, dass sie als Gruppe bestimmt hätten, was auf dem Platz gebaut wird. Diese Aussage scheint auf den Planungsprozess bezogen, während dessen darüber verhandelt wurde, in welcher Weise der Platz neu gebaut werden soll. Die Sequenz deutet darauf hin, dass zumindest dieser Jugendliche den Einfluss der Gruppe auf die Gestaltung positiv erlebt hat.

Im gleichen Gespräch ist ein anderer Beteiligter aber der Meinung, die Jugendlichen hätten zwar gute Ideen formuliert, diese seien aber nicht umgesetzt worden. Er benennt dabei eine Gruppe der eigentlichen Entscheidungsträger, die aber unbestimmt („die") bleibt. Diese Sequenz könnte dahingehend interpretiert werden, dass sich manche der Jugendlichen einer diffus bleibenden Entscheidungsautorität unterworfen sehen, die nicht ausreichend auf die Wünsche der Jugendlichen hört.

Im Gespräch mit den jüngeren männlichen Jugendlichen (11- bis 15-jährig) wird in einer anderen Gruppendiskussion hauptsächlich auf die eigene Erfahrung mit konkreten Partizipationsmöglichkeiten abgestellt.

Im Falle des Fußballfeldes spricht ein Jugendlicher von einem demokratischen Abstimmungsprozess, durch den Fußball als meistgewünschte Sportart der Jungen im Sinne eines Mehrheitsentscheids bestimmt worden sei. Aufgrund dieses, für ihn nachvollziehbaren demokratischen Prozesses ist er der Überzeugung, dass auf dem Platz nun auch die Wünsche der Gruppe („wir") umgesetzt werden („dann gibt's dort was wir wollen").

Diese jüngeren männlichen Jugendlichen erwähnen auch keine Autoritäten oder Einschränkungen mit Blick auf ihre Beteiligungsmöglichkeiten, sondern betonen vielmehr ihre Gestaltungsmächtigkeit, gerade als Gruppe. Ein jugendlicher Sprecher beschreibt in diesem Zusammenhang, dass das, was sie als Gruppe ausgesucht haben, seiner Einschätzung nach, auch bei der Platzgestaltung umgesetzt worden sei.

Auch die beiden befragten Mädchen äußern sich weitgehend positiv über ihre Partizipationsmöglichkeiten. Jedoch beziehen sie sich dabei nur auf die Planungsphase, während der sie Linien für die geplante Tanzfläche sowie das Spielfeld auf den Platz gemalt hätten. In der entsprechenden Gesprächssequenz schildert ein Mädchen außerdem eine Situation, in der eine Entscheidung durch einen Kompromiss herbeigeführt wurde. Sie beschreibt, dass sie sich eine Tanzfläche gewünscht hat, die aber wegen den anderen zu realisierenden Spielfeldern kleiner als erhofft ausfallen musste. Warum die Tanzfläche nun kleiner geworden ist, als von ihr gewünscht, scheint ihr nachvollziehbar zu sein, da sie selbst diesen Umstand mit der begrenzten Gesamtfläche begründet. Allerdings erwähnt sie indirekt („durften") auch eine Autorität, die über diesen Kompromiss entschieden hat. Wer genau diese Autorität verkörpert, benennt auch sie nicht – ähnlich wie einer der älteren männlichen Gesprächsteilnehmer. Da die beiden weiblichen Diskussionsteilnehmerinnen sowohl von „wir" als auch von „ich" sprechen, bleibt zudem unbestimmt, inwiefern sie ihre Sprecherinnenposition als die einer Interessensgruppe oder nur als individuelle verstehen.

Wie die Jugendlichen in Wien ihre Partizipation in Relation zu der tatsächlichen Umgestaltung des Platzes erleben, konnte sich zum Zeitpunkt der Gruppendiskussionen noch nicht ermitteln lassen, da sich die Umgestaltung des Platzes zu diesem Zeitpunkt noch in der Planungsphase befand.

Eine weitere befragte Gruppe von jungen Erwachsenen, die den Platz nach eigenen Angaben regelmäßig zum Basketballspielen nutzen, war nach eigenen Angaben gar nicht in das Projekt zu dessen Neugestaltung eingebunden. Zum Zeitpunkt des Gesprächs war dieser Nutzergruppe überhaupt nicht bewusst, dass der Platz umgebaut werden soll.

Standort Berlin

Weibliche Jugendliche (12-bis 19-jährig):
„ok. Und wie habt ihr zum ersten Mal davon gehört, dass da jetzt dieser Kunstrasen kommt also dieser letzte Umbau?"
„Wie haben wir davon gehört?"
„ja"
„Ja die ham uns Bescheid gesagt"
„ja klar"
„denn die ham ja auch davor schon darüber geredet ja und dann hatten wir einen Termin wann das anfängt und dann sind wir alle dahin gegangen zum helfen"
„ham auch alle ja son kleinen Zettel bekommen"
„ja wir ham nen Zettel bekommen"
„son Flyer"
„ja wir ham nen Zettel bekommen dass..."
„den ham wir sogar von der Schule bekommen"
„dass es da Kunstrasen gibt"
„In der Schule habt ihr das gekriegt?"
„ja weil die von Gangway ham das auch in der Schule und so äh zum Sekretariat oder so hingebracht und das die dann verteilt werden"
„ir haben so zum Beispiel wie eine Konferenz oder wie man das sagt und dann haben wir uns alle so zusammengesetzt und darüber geredet also was wir so brauchen und so."
„und wer war da alles bei?"
„wir alle"
„wir alle"
„das ganze Große Spieli die ganzen Kinder."
„wir warn ja da"
„Große Spieli"

„ah ok"
„also wirklich dann die Jugendlichen aber auch die Kinder oder... „
„ja auch die Kinder alle"
„alle ja"
„weil für uns Jugendlichen brauchen wir ja nix, eigentlich so, Spielsachen, wir spielen ja nich mehr mit sowas (lacht)"

Sechs männliche und eine weibliche Jugendliche (13- bis 17-jährig):
„Wir ham also Cem hat uns da aufgefordert dass wir irgendwas basteln sollen"
„Mhm"
„Wir haben irgendwas gebastelt halt wie der Spielplatz aussieht, und da das wurde irgendwo hin geschickt und dadurch (sollte) bescheid gegeben ob wir damit gewinnen oder nich gewinnen halt"
„Mhm"
„Da wir gewonnen haben haben wir diesen Platz"
„Wie isch gesagt habe äh war da son warn da sone Holzteile, die in grün angemalt warn, ich weiß nicht wie die Teile heißen, is wirklich so, die waren ungefähr so lang oder so ähm die Teile ham war erstmal mit ähm ham wa die rausgeholt bis gar nix mehr da war, natürlich haben uns auch Maschinen dabei geholfen. Die Ecken, also wir ham die von den Ecken da rausgeholt und die Maschine hats zusammengelegt, ja und ja mehr ham wa eigentlich nisch gemacht, dann ham wa nur noch gewartet bis dieser äh Kunstrasen was jetzt da liegt angebaut wird"
„Ja"
„Und dann ham wa gewartet bis wir da drauf spielen können, mehr ham wa nicht gemacht, also wir ham so gesagt die Maschine schon die Leute die da gekommen sind angebaut haben bisschen Arbeit abgenommen."
„ Was war'n das für Leute?"
„Warn son Bau AG oder so, die ham dann diesen..."
„... da ham auch Kindergartenkinder mitgemacht"
„GmbH (irgendwie sowas)"
„Ja äh Bau ähm AG war das die ham das dann äh weggeräumt und so weiter, ham die dann auch weggefahrn irgendwo keine Ahnung, irgendwo abge abgestellt. Wir ham auch meistens wo die nich da warn, wo die dann Schluss hatten oder Feierabend hatten ham wa die auch in Müllsäcke reingemacht und die dann selber noch irgendwo hingetragen wo die es dann äh später also morgen nächsten Tag abholen könnten. Also so gesagt hat es uns auch Spaß gemacht, wir hams mit, ja wir ham das gerne gemacht."

Die erste Sequenz stammt aus einer Gruppendiskussion mit weiblichen Jugendlichen. Diese reagieren an dieser Stelle auf die Frage, wie sie von der Umgestaltung des Platzes erfahren haben. Die Jugendlichen berichten daraufhin, dass in ihrer Schule Informationsflyer verteilt worden wären, die Gangway e. V. als lokaler Träger des SPIELRAUM-Projektstandortes in den Sekretariaten abgegeben habe. Da die Flyer an einer Schule verteilt wurden, war die Information über die Möglichkeit der Beteiligung an einer Veränderung des Platzes vermutlich verschiedenen Kindern und Jugendlichen mindestens dieser Schule zugänglich, das heißt über die anstehende Platzumgestaltung wurden nicht nur die direkten PlatznutzerInnen informiert.

Auf die Frage, wer alles bei der Planung der Umgestaltung beteiligt war, antworten die Mädchen in der nächsten Sequenz zunächst mit „wir alle". Unklar bleibt dabei, wer mit „wir alle" gemeint ist. Der Nachsatz „das ganze Große Spieli die ganzen Kinder" lässt den Schluss zu, dass mit „wir alle" alle PlatznutzerInnen gemeint sind, zumindest aber alle in der Gruppendiskussion anwesenden Mädchen.

Obwohl in der Gruppendiskussion von den weiblichen Gesprächsteilnehmerinnen betont wird, dass „auch die Kinder alle" bei der Konferenz beteiligt waren, bleibt doch unklar, ob auch die Gesprächsteilnehmerinnen selbst am Planungsprozess beteiligt waren, da sie nicht konkret auf die Frage antworten, sondern direkt übergehen in die Gegenwart und ihre (jetzigen) Wünsche bezüglich des Platzes formulieren.

Auch mit der gemischt-geschlechtlichen Gruppe von Jugendlichen wurde im Rahmen der Gruppendiskussion über den Planungsprozess gesprochen. Ein Jugendlicher hat den Prozess der Planung so wahrgenommen, dass die Initiative von Cem,[2] einem Mitarbeiter von Gangway e. V., ausging. Die Schilderung des konkreten Vorgangs bleibt allerdings recht vage: Die Beteiligten hätten „irgendwas gebastelt halt wie der Spielplatz aussieht", was „irgendwo hin geschickt" wurde. Die Jugendlichen wurden aufgefordert, wie die Gangway-MitarbeiterInnen auf Nachfrage berichteten, ein Modell des Spielplatzes zu bauen, mit dem sie an einer Art Gewinnspiel, Auslosung oder Ähnlichem teilgenommen haben („ob wir damit gewinnen oder nich gewinnen halt").

Der Jugendliche benutzt zwar die Gegenwartsform: „wie der Spielplatz aussieht", aus dem Kontextwissen geht jedoch hervor, dass es sich um Wunschmodelle der Jugendlichen gehandelt hat. Für diesen Jugendlichen scheint dabei klar zu sein, dass die eigentliche Entscheidung über den Platz an einer anderen Stelle gefällt worden ist, von der die Jugendlichen auch „Bescheid" bekommen, ob sie den Wettbewerb und damit die Umgestaltung des Platzes gewonnen haben oder nicht.

In dieser Gruppe der Jugendlichen im Alter zwischen 13 und 17 Jahren wurde darüber hinaus auch über den Bauprozess auf dem Platz in Berlin gesprochen, wie in der letzten Sequenz deutlich wird. Diese Sequenz bezieht sich auf das Abtragen des alten Platzbelags und die Verlegung des neuen Platzbe-

---

2   Alle Namen wurden anonymisiert.

lags. Dabei erzählen die Jugendlichen von ihrer Rolle während den Arbeiten und der Rolle von Facharbeitern, zum Beispiel von einer Baufirma. Ein Jugendlicher beschreibt diesen Prozess recht ausführlich und beginnt damit, zunächst noch einmal den Rindenmulch zu umschreiben („Holzteile"), der vor der Verlegung des neuen Belags auf dem Platz lag. Wen er zu der Gruppe („wa") zählt, die den Rindenmulch „rausgeholt" hat, wird von ihm nicht genauer beschrieben. Er erwähnt er aber die Hilfe, die diese unbestimmte Gruppe („wa") von Maschinen bekommen hat. Mit Maschinen könnten die Bagger gemeint sein, die auch während der Gruppendiskussion der Mädchen zur Sprache kamen. In der obigen Sequenz erwähnt der Jugendliche weiterhin, dass die Maschinen ihnen lediglich geholfen hätten, das heißt die Hauptarbeit lag nach seiner Einschätzung bei den Jugendlichen selbst. Dem widerspricht allerdings der Hinweis, der den Beitrag der Gruppe kurz darauf wieder eingeschränkt („Mehr ham wa eigentlich nisch gemacht").

Als die Erzählung auf die Verlegung des Kunstrasens zu sprechen kommt, wird von veränderten Rollen berichtet, wenn der Jugendliche erwähnt, dass sie der Baufirma ein „bisschen Arbeit abgenommen" haben. Dies wird im Verlauf der Sequenz noch genauer beschrieben. So erwähnt ein Jugendlicher, dass sie Müllsäcke gefüllt und zur Abfuhr bereit gestellt hätten. Die Jugendlichen beschreiben ihre Position nun in der Rolle von Zuarbeitern.

Zugleich betont der Jugendliche damit aber auch noch einmal, wie viel Arbeit sie als Helfende hatten – eine Arbeit, die von ihm positiv konnotiert wird, denn er fügt hinzu, dass es „auch Spaß gemacht" hat und sie „das gerne gemacht" haben.

Bemerkenswerterweise werden in der kompletten Textstelle weder Gangway e. V. als Trägerorganisation noch Cem als deren hauptverantwortlicher Mitarbeiter erwähnt. Es bleibt somit unklar, ob sie auch mitgeholfen haben. Eventuell sind sie aber auch in dem „wir" oder „wa" mit eingeschlossen.

Standort Zürich

Der Standort Zürich stellt hinsichtlich der Partizipationsdimension einen Sonderfall dar, da der Beteiligungsprozess zur Umgestaltung der Bäckeranlage nach Angaben von Schtifti, einer der beiden dortigen Trägerorganisationen, schon vier Jahre vor dem jetzigen Platzumbau durchgeführt wurde. Die beteiligten Jugendlichen hätten ein Jahr nach dem damaligen Beteiligungsprozess allerdings das Interesse verloren und seien daher aus dem Projekt ausgestiegen. Heute nutzten diese Jugendlichen die Bäckeranlage auch gar nicht mehr.

Während der Feldphase am Platz konnten daher von der zuständigen Lehrforschungsgruppe keine Kinder und Jugendlichen befragt werden, die an der ursprünglichen Planung des Platzes beteiligt waren. Insofern liegt kein Datenmaterial zur ersten Thematisierungsdimension in Bezug auf den Züricher Platz vor.

2.2   Kritik an Autoritäten

Im Verlauf der Gruppendiskussionen wurde von den Kindern und Jugendlichen neben den Partizipationsmöglichkeiten und -einschränkungen auch Kritik an den Autoritäten bzw. Entscheidungsträgern geübt und zugleich auf den eigenen Expertenstatus verwiesen. Dies wird an den nachfolgenden Sequenzen verdeutlicht.

Standort Wien

männliche Jugendliche (15- bis 19-jährig):
„Es wird eh nix passieren. Die hören eh nicht auf uns. „Wir haben eh gute Ideen, aber die machen das ja nicht."
„Eigentlich können wir das eh noch verändern."

Standort Wien

männliche Jugendliche (11- bis 15-jährig):
„Weil was wir ausgesucht haben kommt auch dort hin."

Standort Zürich
junger Erwachsener (26-jährig):
„Aber er hat den Platz nicht angeschaut und hat sich naher wahrscheinlich gewundert, warum der Platz nicht genutzt wird. Bis wir einmal gesagt haben: He Junge, da musst du einen neuen Boden machen."

In Wien wurde vor allem von den älteren männlichen Jugendlichen Kritik an Autoritäten geäußert. In der ersten Sequenz wird von einem Jugendlichen betont, dass die Jugendlichen gute Ideen haben, die aber von einer auch hier unbestimmten Autorität („die") nicht gewürdigt worden seien. In der Aussage „Es wird eh nix passieren" steckt darüber hinaus eine dazu korrespondierende Zukunftsprognose: An der diagnostizierten Nicht-Würdigung wird sich nach Meinung des Jugendlichen demnach auch weiterhin nichts ändern.

Die Jugendlichen verstehen sich zugleich als ExpertInnen für den Platz, allerdings mit eingeschränkten Durchsetzungsmöglichkeiten. Zugleich beschreiben die Jugendlichen aber auch Situationen, in denen sie aktiv als ExpertInnen gegen die einflussreichen Entscheider aufzutreten versuchen. So sollte in Wien kein höheres durchgehendes Gitter um den Platz errichtet werden, das sich die Jugendlichen zur Gewährleistung des Fussballspiels zwischen zwei befahrenen

Straßen aber gewünscht hatten. Die Entscheidung gegen das Gitter beruht nach Angaben der Kommunaladministration auf dem Sachverhalt, dass LKWs die manchmal auf den Platz fahren müssen, von einem solchen Gitter daran gehindert würden. Diese Notwendigkeit scheint den Jugendlichen weder ganz einsichtig noch scheint sie die Unausweichlichkeit dieses Zusammenhangs überzeugend. Ein Jugendlicher verweist so auch auf die Möglichkeit, in der Gruppe selbst eine alternative Lösung zu finden: „Eigentlich können wir das eh noch verändern".

Im Gegensatz dazu üben die jüngeren männlichen Jugendlichen weniger Kritik an Autoritäten, sondern betonen ihr Mitbestimmungspotenzial: „Weil was wir ausgesucht haben, kommt auch dorthin". In dieser Sequenz scheint sich also durchaus eine Selbstpositionierung der Jugendlichen als (Mit-)Entscheidungsträger für die Umgestaltung des Platzes auszudrücken.

Auch im Gespräch mit einem jungen Erwachsenen und einem männlichen 17-jährigen Jugendlichen in Zürich wird Kritik an Autoritäten geäußert. Wie im Verlauf des Interviews deutlich wird, kritisiert der junge Erwachsene, dass bei der Errichtung von Skateanlagen häufig Personen beteiligt sind, die sich nach seiner Meinung nicht gut genug mit diesem Sport auskennen. Als Ergebnis würden daher Skateanlagen gebaut werden, die den Bedürfnissen der Skater nicht genügend gerecht und dementsprechend wenig genutzt werden. Um eine solche Entwicklung an der Bäckeranlage zu verhindern, beteiligte er sich nach eigener Angabe aus Eigeninitiative an der Planung des Platzes und engagierte sich vor allem für die Skateelemente und die Bodenmarkierungen. Auch den Verantwortlichen von Schtifti unterstellt er eine mangelnde Kenntnis des Sports, so dass NutzerInnen des Platzes, wie er, die Verantwortlichen von Schtifti vor dem Umbau auf systematische Mängel aufmerksam machen mussten, wie den schlechten Bodenbelag. Diese seien dann, aber eben erst dann, wie er vermerkt, auch behoben worden.

Sowohl in Zürich wie auch in Wien lässt sich damit ein Muster rekonstruieren, dass sich einige der befragten Jugendlichen selbst als Experten für Platzgestaltungsfragen verorten – durchaus auch in der Selbstpositionierung als GegenexpertInnen zu den Entscheidern. Daher ist es den Befragten auch teilweise unverständlich, weshalb ihre Ideen für die Plätze bzw. ihre Einschätzung der Situation vor Ort ihres Erachtens nicht oder nur begrenzt Berücksichtigung erfahren.

In Berlin wurde eine solche Kritik an Autoritäten innerhalb der Gruppendiskussionen nicht in diesem Maße explizit. Analogien zeigen sich aber zu Wien und Zürich hinsichtlich der Frage, wer auf dem Platz die ExpertInnenrollen einnimmt, zumindest an einem Punkt: Die Berliner Jugendlichen berichten davon, dass sie von keinen festgelegten Platzregeln wüssten und dass diese ihres Erachtens auch überflüssig seien. Denn wenn Regeln notwendig seien, dann würden sie sie selbst vereinbaren.

2.3 Nutzung

An allen drei untersuchten SPIELRAUM-Standorten berichteten die Jugendlichen über ihre Nutzungspraktiken. Allerdings konnten diese nicht in allen Fällen vor dem Hintergrund realer Erfahrungen benannt werden, sondern im Wiener Fall nur prospektiv im Sinne einer gewünschten Nutzungspraxis, die der zum Befragungszeitpunkt noch nicht umgestaltete Platz möglich machen sollte.

Standort Wien

Männliche Jugendliche (11- bis 15-jährig):
„Wir sind fast nie dort, nur wenn wir manchmal zum Shoppingcenter gehen, geht man vorbei und dann sieht man Basketballer oder dort sitzen auch Skater."

Standort Wien

Weibliche Jugendliche (16-jährig):
„Ich würde das nicht wollen. Ich mein, wir haben uns die ganze Arbeit gemacht und dass die da einfach hinkommen und sich da hinsetzen wär mir irgendwie schon zu nervig."

Standort Berlin

Weibliche Jugendliche (12- bis19-jährig):
„Also wir sind hier eigentlich also da an der Bank. Wir sitzen da"
„ ... Gleich am Eingang"
„ … alle"
Diverse: ja
„mmhm"
„ja wir sitzen"
„Tschuldigung grad mal noch ne Nachfrage da wo die beiden Bänke so [zeigt eine Ecke mit den Händen] ... angebracht sind?"
Diverse:" ... ja genau"
„... die eine is so die andere so"
„... wo man sich dann auch gut unterhalten kann"
„... ja genau"
„... genau"
„ja da sitze wir gerne und tsch und äh und quatschen"
„chillen"
„chillen" [lachen]
„rauchen"
„eigentlich alles mache wir da"

„essen"

„... also alles mit Freundinnen und so ... und ja wir sitzen auch meistens da um meistens auch auf unsere Geschwister aufzupassen. Also weil da sieht man wirklich alles wenn die da irgendwo spielen an der Schaukel oder so ja."

Standort Berlin

Sechs männliche und eine weibliche Jugendliche (13-17 jährig):
„Fußball ist der große Punkt, ey"

Standort Zürich

Junger Erwachsener (26-jährig):
„Also manchmal kommt, geht man am Samstagabend relativ spät, so um 10, halb 11 von da weg und am Sonntag kommst du wieder und es sind irgendwie, letztes Mal sind 10 kaputt geschlagene Bierflaschen umher gelegen."

„Ja Zuschauer die durchlaufen, mit dem Kinderwagen, wo die Kinder es lässig finden, was wir machen. Bleiben sie stehen und schauen sie selber zu. Und dann hat es noch die Eltern auch von den Kindern wo zum Teil da auch spielen. Die gehen dann einen Kaffee trinken."

Standort Zürich

Männliche Jugendliche (12- bis 13-jährig):
„Auf denen zwei kleinen Felder, dürfen, in der grossen Pause, 1. bis 3. Klasse spielen, hinten im Kern und im Hohl dürfen 5. bis 6. Klasse, äh nein 4. bis 6."

In Wien waren zum Zeitpunkt der Befragung auf dem Platz lediglich einzelne Basketballkörbe montiert, sowie Sitzbänke angebracht und Spielfelder grob auf dem Boden markiert. In den Gruppendiskussionen wurde daher zwar nach möglichen Nutzungsarten und Nutzergruppen gefragt, diese mussten aber im Bereich des Wünschenswerten bleiben. Die jüngeren männlichen Jugendlichen in den Gruppendiskussionen gaben an, sich fast nie auf dem Platz aufzuhalten. Sie würden nur auf ihrem Weg zum Shoppingcenter dort vorbeigehen und dabei Basketballer oder Skater auf dem Platz beobachten. Ob es sich bei den Basketballern um die Gruppe der befragten jungen Erwachsenen handelt, konnte nicht eruiert werden.

Ein spätere Nutzung durch andere Gruppen wie „Punks", „Emos" oder eben auch Skater wird von allen Jugendlichen aber erwartet. Eine der befragten weiblichen Jugendlichen lehnt eine Nutzung durch solche Gruppen allerdings auch klar ab. Sie unterscheidet bei möglichen Nutzergruppen entsprechend zwischen „wir" und „die". Die eine Gruppe („wir") taucht im Zusammenhang mit dem Arbeitsaufwand der Umgestaltung auf, so dass diese vermutlich beteiligte Jugendliche umfasst. Mit „die" wären dann Gruppen gemeint, die nicht an der Umgestaltung beteiligt sind.

In Berlin wurde zu Beginn der Gruppendiskussionen mit der Nadelmethode (vgl. Deinet 2005; Krisch 2009) veranschaulicht, welche Bereiche des Platzes die befragten Kinder und Jugendlichen vorwiegend nutzen. Anschließend waren die damit markierten bevorzugten Aufenthaltsbereiche auch Gegenstand der Gruppendiskussionen mit den PlatznutzerInnen. Besonders auffällig an dieser Selbstpositionierung auf dem Platz ist die geschlechtsspezifische Einteilung der Platzstrukturen: Die weiblichen Jugendlichen haben ihre Nadeln in den Spielbereichen seitlich vom Fußballfeld und an dessen Zugängen platziert. Sie nutzen den Platz nach eigenen Angaben, um sich zu treffen, zu reden und auch um auf ihre jüngeren Geschwister aufzupassen: „da sitzen wir gerne und tsch und äh und quatschen" und zwar dort, „wo man sich gut unterhalten kann"; hier würden die Mädchen nach ihrer Beschreibung „chillen".

Die Aussage eines Mädchens, „weil da sieht man wirklich alles", kann daher im doppelten Sinne verstanden werden: Zum einen kann damit gemeint sein, das der von den Mädchen gewählte Aufenthaltsort besonders geeignet ist, um gut auf die Geschwister aufzupassen. Auf der anderen Seite kann hiermit ein Verweis formuliert sein, dass man von dort aus den Rest des Platzes, und hier gerade auch das männlich dominierte Fußballfeld im Blick hat.

Die älteren männlichen Jugendlichen haben ihre Nadeln dagegen ausschließlich direkt auf dem Fußballfeld platziert. Auch im anschließenden Gespräch betonen sie, wie wichtig ihnen das Fußballspiel auf dem Platz ist: „Fußball ist der große Punkt, ey".

Bei den befragten Kindern konnte dagegen keine geschlechtsspezifische Differenzierung hinsichtlich der Nutzungsart und der Aufenthaltsorte festgestellt werden. Die Kindergruppe gab an, sowohl die Angebote von Bollerwagen e.V., den Fußballplatz, als auch den Rest des Platzes zum Spielen und „rum chillen" zu nutzen.

Am Standort Zürich wurde in beiden Gruppendiskussionen eine Nutzung des Platzes am späteren Abend oder in der Nacht angesprochen. In der Sequenz benennt der junge Erwachsene zwar keine konkrete Nutzergruppe, erwähnt aber „kaputt geschlagene Bierflaschen" als Hinterlassenschaft dieser Gruppe. Um welche Nutzergruppe und Nutzungsart es sich hier handelt und wie häufig der Platz während den Abend- und Nachtstunden genutzt wird, bleibt unklar.

Weiterhin berichtet der junge Erwachsene auch von anderen Erwachsenen, die sich auf dem Platz aufhalten würden, aber scheinbar nicht die Sportfelder benutzen. Diese Erwachsenen beschreibt er entweder als Passanten und Zuschauer oder als Aufsichtspersonen der Kinder.

Die befragten jüngeren männlichen Jugendlichen berichten davon, dass der Platz während der Unterrichtszeit auch von Schülern und Schülerinnen (1.-3. Klasse) der angrenzenden Schule für die Pause genutzt wird. Die Nutzergruppen und Nutzungsarten scheinen sich demnach in Abhängigkeit von Wochentag und Uhrzeit, Alter, Geschlecht, Sportart sowie Bereich des Platzes zu unterscheiden. Von einer Nutzung der Footbagfelder wurde in den Gesprächen weder berichtet, noch konnte die Lehrforschungsgruppe eine Nutzung beobachten.

2.4 Zugehörigkeiten

An allen drei Standorten werden Gruppenzugehörigkeiten und damit Abgrenzungen gegenüber anderen Gruppen von den Kindern und Jugendlichen thematisiert. Die Standorte unterscheiden sich zugleich dahingehend, dass sehr unterschiedliche Zugehörigkeitskategorien genannt und diese auch unterschiedlich gewichtet werden. Gruppenzugehörigkeiten werden von den befragten Kindern und Jugendlichen in Begriffen wie „die Größeren", „die Eltern" oder die „alten Leute" beschrieben. Analytisch lassen sich diese daher in sozialwissenschaftlichen Kategorien, wie Alter, Gender, Lebensstil, Sportarten, lokale Zugehörigkeiten und einer „natio-ethno-kulturellen Zugehörigkeit" (Mecheril 2009) bündeln.

Gruppenzugehörigkeit Alter

Standort Wien

Männliche Jugendliche (15- bis 19-jährig):
„Sie [Kinder] können nicht so weit gehen, sie sind noch so Sissima 9, 10 Jahre."

„Wenn es dort eine ruhige Platz wär', wäre es schöner für die Leute, auch für die alten Leute."

Standort Zürich

Männliche Jugendliche (12- bis 13-jährig):
„Sonst kommen die Grösseren und schubsen einen oder so."

Standort Zürich

Junger Erwachsener (26-jährig):
„Ja Zuschauer die durchlaufen, mit dem Kinderwagen, wo die Kinder es lässig finden, was wir machen. Bleiben sie stehen und schauen sie selber zu. Und dann hat es noch die Eltern auch von den Kindern wo zum Teil da auch spielen. Die gehen dann einen Kaffee trinken."

Die ersten beiden Gesprächssequenzen stammen aus der Wiener Gruppendiskussion mit männlichen Jugendlichen im Alter zwischen 15 und 19 Jahren. Sie beurteilen hier den Weg zum Underground-Platz für neun- oder zehnjährige Kinder als zu weit und „für die alten Leute" als zu unruhig. Diese Einschätzung dient aber zugleich der Markierung einer Differenz in Bezug auf ihre eigene Position: Sie sprechen als selbständige Nutzer, für die diese Schwierigkeiten also nicht bestehen. Sie fühlen sich also einer platzadäquaten (Alters)Gruppe zugehörig.

In Berlin kann ebenfalls eine solche altersspezifische Gruppenzugehörigkeitsmarkierung beobachtet werden, wie sie sich in Kategorisierungen, wie derjenigen von „großen Jungs" oder „kleinen Kindern", äußert. Allerdings zeigen sich innerhalb der Berliner Gruppendiskussionen auch aktive Abgrenzungsversuche der Kinder gegenüber den älteren Jugendlichen, indem sie beispielsweise aufgrund des Fußballspiels der „Großen" einen höheren Zaun um den ganzen Fußballplatz fordern. Umgekehrt werden in den Berliner Gruppendiskussionen der Mädchen und der Jugendlichen Zuschreibungen und damit Abgrenzungen zu den jüngeren Nutzergruppen verwendet, wie „kleine Kinder" – eine Gruppe, die das Fußballspiel der Jugendlichen immer mal wieder störe.

Auch in Zürich grenzen sich die Nutzergruppen unter anderem hinsichtlich des Alters ab und markieren sich selbst dabei als altersspezifische NutzerInnengruppe. In der ersten Sequenz bezieht sich ein männlicher Jugendlicher (12-13 jährig) auf die Pausenregelung der Schule, während derer die Spielfelder der Bäckeranlage in der Pause auch von den Kindern der ersten bis dritten Klasse genutzt werden dürfen, wie aus dem Kontextwissen bekannt ist. Er erklärt sich diese Regelung damit, dass diese den jüngeren NutzerInnen eine Zeit außerhalb der Nutzungszeiten von den „Größeren" eröffnet, die ansonsten nämlich das Spiel der jüngeren Kinder stören oder verhindern.

In der zweiten Sequenz spricht ein 26-Jähriger über Erwachsene, die sich am Platz aufhalten, und markiert damit eine weitere altersspezifische NutzerInnengruppe. Diese Erwachsenen bezeichnet er nämlich als Zuschauer oder Eltern, die ihre Kinder spielen lassen und am Platz einen Kaffee trinken. Diese Erwachsenen unterscheiden sich damit auch noch von anderen erwachsenen PlatznutzerInnen, da sie den Platz nicht für Sportaktivitäten nutzen, wie dies erwachsene Skater (ca. 30-jährig) tun, von denen er im Gespräch auch berichtet.

Gruppenzugehörigkeit Gender

Standort Wien
Männliche Jugendliche (15- bis 19-jährig):
„... Wenn es zu wäre, nur für uns."

„Mädchenfreie Zone."
„Die müssen zahlen, wenn sie kommen."

„Tanzsport. Es will eh keiner Tanzen."
„Mädchen."
„Weiber."
„Ja, Weiber."

Zürich

Junger Erwachsener (26-jährig):
„Sie [Mädchen] machen nicht mit?"
„Nein, nicht wirklich, auch im Skatekurs, wo ich gebe, habe ich nur ein Mädchen. Es ist halt schon ein bisschen ein harter Sport, weil man fällt halt wirklich auch, mehrmals wenn man jetzt irgendwie..."
„Und Basketball?"
„Nein, da hat es Mädchen, einfach Skateboard fahren eigentlich nur Buben. Aber auf dem Platz selber hat es nur Mädchen. Fussball ist schon recht integriert, glaub ich, beides."

Berlin

Weibliche Jugendliche (12- bis 19-jährig):
„ja wir spieln auch Fußball jetzt."
Diverse: (lachen)
„achso? Habt ihr bis jetzt noch nicht aufgezählt oder hab ichs nicht mitgekriegt?"
„nein wir ham das noch nicht aufgezählt aber wir spielen jetzt auch immer meistens da Fußball. Also wenn die Jungs nicht da sind."

In Wien äußern ältere männliche Jugendlichen den Wunsch, die Nutzergruppe der Mädchen von der Platznutzung auszuschließen. Der Platz solle eine „mädchenfreie Zone" sein und dementsprechend nur für die männlichen Jugendlichen („nur für uns") zugänglich sein. Der Ausschluss der Mädchen wird zwar von einem Jugendlichen etwas relativiert, indem er den Mädchen eine Teilhabe zubilligt, wenn sie Eintritt zahlen, zugleich reproduziert er die geschlechtsspezifische Zugehörigkeit damit wiederum: Die jeweilige Geschlechtzugehörigkeit würde seinem Vorschlag nach der Grund für eine kostenlose oder eine kostenpflichtige Platznutzung sein.

Im gleichen Interview werden solche Geschlechtzugehörigkeiten auch dann markiert, wenn es um die konkrete Gestaltung des Platzes geht. So ist beispielsweise eine Tanzfläche geplant, die aber ältere männliche Jugendliche ablehnen – entweder, weil diese Nutzungsmöglichkeit ihres Erachtens vernachlässigenswert ist: „Es will eh keiner tanzen", oder eine nur genderspezifische Nutzungsart nahe lege, von der sie sich als männliche Jugendliche entsprechend abgrenzen: „Weiber". Wie deutlich hier die Geschlechterzugehörigkeit markiert wird, macht der Hinweis männlicher Jugendlichen auf „Capoeira" deutlich, einen brasilianischen Kampftanz. Denn diesen würden einige von ihnen auf dem Platz nach eigener Aussage durchaus gerne ausführen. Einen Widerspruch dieses Nutzungsanspruchs und der gleichzeitigen genderbezogenen Ablehnung einer Tanzfläche scheint ihnen aber kein Widerspruch darzustellen.

Der Wunsch nach einer Tanzfläche zeigt sich im Gespräch mit den beiden in Wien befragten Mädchen als einer ihrer zentralen Wünsche: „Ja, auf jeden Fall ne Tanzfläche" und „Ich weiss nicht. Tanzfläche oder so".

Auch in Zürich spielen geschlechtsspezifische Zugehörigkeitsmuster eine deutliche Rolle, vor allem hinsichtlich der Nutzung des Platzes für verschiedene Sportarten. Von dem jungen Erwachsenen wird berichtet, dass kaum Mädchen Skateboard fahren, dafür aber beim Fußball und Basketball stärker vertreten sind. Er erklärt sich diese Ungleichverteilung damit, dass Skateboard fahren „ein harter Sport" sei, und deswegen weniger von Mädchen ausgeübt wird – also die Geschlechterzugehörigkeit seines Erachtens quasi eine natürliche Belastungsgrenze nach sich ziehe.

Die dargestellte Berliner Sequenz stammt aus dem Gespräch mit weiblichen Jugendlichen. Diese berichten hier davon, dass sie seit der Umgestaltung der Klix-Arena den Bolzplatz auch zum Fußballspielen nutzen. Allerdings relativieren sie ihre Aussage mehrmals und schränken sie wieder ein: „meistens", „wenn die Jungs nicht da sind". Besonders die Einschränkung, die sie in Bezug auf die Anwesenheit der Gruppe der „Jungs" formulieren, zeigt, dass die Zugehörigkeit zur Gruppe der Mädchen für sie den Möglichkeitsraum begrenzt, wann sie das Fußballfeld zum Fußball spielen nutzen können.

Geschlechtsspezifische Zugehörigkeitsmuster spielen somit an allen drei untersuchten Standorten eine zentrale Rolle und werden immer wieder in Bezug auf bestimmte Sportarten Thema. Fußballspielen ist sowohl in Wien als auch in Berlin eher ein von männlichen Nutzern dominierter Sport, Tanzen wird in Wien hingegen eher mit weiblichen Nutzerinnen verbunden. In Zürich wird zwar Fußball mit männlichen wie mit weiblichen Nutzergruppen verknüpft, Skateboard fahren ist dagegen deutlicher männlich konnotiert.

Gruppenzugehörigkeit Sport

Wien

Männliche Jugendliche (15- bis 19-jährig):
„Wenn wir jetzt dort Skater-Bahn oder so machen, (...) dann wird es nicht gut."
(spielt mit den Haaren)
„Dann kommen zu viele Skater."

Berlin

Sechs männliche und eine weibliche Jugendliche (13- bis 17-jährig):

„(...) Wir rufen uns meistens an und sagen (denn) da Klix-Arena dann weiß ja alle was wir meinen da hat (ja) unterschiedliche Namen, jeder sagts anders."
„ Was gibts denn noch für Namen?"
„Großspieli."
„Großes Spieli äh."
„Bolzplatz, so Klix-Arena."
„Bolzplatz, Klix-Arena."
„Klix (...)"

Zürich

Männliche Jugendliche 12- bis 13-jährig:

„Nein, es stresst einfach, wenn wir am Fussballspielen sind und dann kommen die Skater in unser Feld hinein ..."

Wie schon im vorherigen Abschnitt zu Fragen der Geschlechterzugehörigkeit angesprochen, werden Gruppenzugehörigkeiten an allen Standorten immer wieder über die ausgeübten Sportarten bzw. Sportinteressen hergestellt. Neben der Verknüpfung bestimmter Sportarten mit Genderkategorien kommen auch Nutzergruppen, die andere Sportarten ausüben, zur Sprache.

In Wien äußern die älteren männlichen Jugendlichen ihre Sorge, dass Skater den Platz nutzen könnten, wenn dort entsprechende Elemente aufgestellt werden. Würden auch Skater den Platz für ihren Sport nutzen, „wird es nicht gut", weil beispielsweise „zu viele Skater" kommen könnten. Indem die Jugendlichen hier ihrer Besorgnis über eine massive Nutzung durch Skater Ausdruck verleihen, produzieren sie diese als einheitliche Nutzergruppe, von der sie sich abgrenzen.

Eine Gruppenzugehörigkeit anhand der ausgeübten Sportart ist zwar in Berlin weniger offensichtlich als an den beiden anderen Standorten. In Berlin fällt aber auf, dass die befragten Jugendlichen unterschiedliche Namen für den Platz benutzen, die Rückschlüsse auf Gruppenzugehörigkeiten zulassen. Beispielsweise benutzen die befragten Mädchen den offiziellen Namen „Klix-Arena" überhaupt nicht, sondern nennen ihn fast durchgehend „Großes Spieli". Sie begründen dies damit, dass sie den Platz schon vor der Umgestaltung so genannt haben und sich an diese Bezeichnung gewöhnt haben. Diese Berlinerische Bezeichnung des Platzes als Spielplatz passt aber auch dazu, dass die Gruppe der Mädchen den Platz deutlich weniger zum Fußballspielen nutzt als die Jungen. Der Name Klix-Arena erinnert dagegen eher an die Umbenennung großer Bundesligastadien in den vergangenen Jahren und weist daher eine eindeutige Konnotation in Richtung Fußball auf. An Turnieren, bei denen sich „alle" treffen und die Mädchen sich auch selbst als Teil der „Klix" beschreiben, nehmen sie, und auch das bestätigt das Zugehörigkeitsmuster „Sportarten", in der Position der Zuschauerin bzw. des Fans der Jungenmannschaften teil.

In Zürich wird die Gruppenzugehörigkeit aufgrund der ausgeübten Sportart(en) deutlich thematisiert. Ein männlicher Jugendlicher unterscheidet beispielsweise zwischen „wir" und „die Skater", wobei zwischen beiden Gruppen aufgrund der unterschiedlichen Sportarten Konflikte angesprochen werden. Die Fläche des Platzes scheint demnach zu klein zu sein, damit beide Sportarten problemlos ausgeübt werden können. Die Nutzung des Fußballfeldes durch Akteure einer anderen Sportart wird als Störung empfunden und somit negativ bewertet.

Lokale Gruppenzugehörigkeiten

Standort Wien

Männliche Jugendliche (11- bis 15-jährig):
„Und wenn ihr mal denkt, wer gehört denn alles zu diesem Projekt?"
„Viele Leute, viele Kinder. Der ganze Karl-Seitz-Hof."

Standort Berlin

Sechs männliche und eine weibliche Jugendliche (13- bis 17-jährig):
„Und du kommst von der anderen Seite hast du gesagt."
„Ich komm von der anderen Seite, weil ich so hinterm Spielplatz also von dem von der Klix-Arena wohne."
„Okay."
„Wir kommen alle drei von dieser."
„Sie sind Schanis, wir sind Klix."
„Schanis."
Diverse: „Schanis, Klix." (Lachen)

Standort Berlin

Fünf Jungen, ein Mädchen (7- bis 11-jährig):
„Und wir haben den Auftrag zu untersuchen, wie euch die Klix-Arena gefällt, was ihr da so macht, was ihr gut findet, was ihr nicht so gut findet."
„Aber isch bin nicht Klix, Zobelitz, neben."

Standort Zürich

Männliche Jugendliche (12- bis 13-jährig):
„Sind jetzt auch Leute hier, nicht aus der Gegend?"
„Unsere Freunde sind alle aus Kreis 4 oder 3."

Standort Zürich

Junger Erwachsener (26-jährig):
„Ja, die werfen auch provokativ Taschen in den Weg und so. Also bei gewissen Leute, vor allem von der ... Es kommen halt auch relativ viele Leute hierher, wo nicht von der Stadt sind ..."
„genau"
„... von Zürich selber..."
„... und das sehen sie"
„... uns kennen sie, weil wir sind jeden Tag da. Uns lassen sie sein. Aber, ja, die merken das sofort. Ja dich kenne ich nicht, schauen wir mal wie er reagiert. Die können einem eigentlich leidtun."

Auf die Frage, wer am Projekt zur Umgestaltung des Platzes beteiligt war, antworten die jüngeren männlichen Jugendlichen in Wien: „der ganze Karl-Seitz-Hof". Sie sehen also die BewohnerInnen des Karl-Seitz-Hofs als die Gruppe, die das SPIELRAUM-Projekt aktiv mitgestaltet hat. Zwar werden in diesem Zusammenhang auch altersspezifische Markierungen vorgenommen, doch diese werden unter jene lokale Zugehörigkeitskategorie subsumiert.

Auch in den beiden Berliner Interview-Sequenzen kommen lokale Bezüge zur Sprache, wie sie im vorherigen Abschnitt mit Verweis auf die differente Namensverwendung bereits angesprochen wurden. Die Jugendlichen differenzieren hier beispielsweise zwischen „Schanis" und „Klix", das heißt zwischen Personen, die den Platz aus Richtung der Scharnweberstraße (*Schanis*) bzw. der Klixstraße (*Klix*) betreten, wie die Jugendlichen auf Nachfrage in einer der Gruppendiskussionen erläutern. Die mehrfachen Wiederholungen dieser lokalen Zugehörigkeitskategorien der „Schanis" und der „Klix" lassen sich dahingehend lesen, dass hiermit eine breite Zustimmung in Bezug auf die Gültigkeit dieser Zuordnungen markiert wird.

In der zweiten Sequenz aus einer Berliner Gruppendiskussion weist eines der befragten Kinder außerdem darauf hin, dass es sich nicht zur Gruppe der „Klix" zählt, sondern einer dritten angrenzenden Straße zugehörig fühlt – der Zobelitzstraße, womit ein weiteres lokales Zugehörigkeitsmuster benannt ist.

Auch in den beiden Interviews aus Zürich werden lokale Zugehörigkeiten thematisiert. Die erste dargestellte Sequenz entstammt dem Interview mit drei männlichen Jugendlichen im Alter zwischen 12 und 13 Jahren. Sie reagieren hier auf die Frage, ob auch Personen den Platz nutzen, die „nicht aus der Gegend" sind. Daraufhin geben sie an, dass ihre Freunde alle aus den Kreisen 3 und 4 und damit aus der näheren Umgebung kommen. Diese Aussage steht allerdings im Widerspruch zu der Sequenz aus dem anderen Interview. Hier heißt es, dass auch Personen, die nicht in Zürich wohnen, den Platz nutzen. Es ist sogar von „relativ viele(n) Leute(n)" die Rede. In der Interview-Sequenz wird außerdem darauf hingewiesen, dass die Leute, die „nicht von der Stadt sind" von einigen Jugendlichen als solche erkannt werden und mit ihnen anders umgehen. Dieser offensichtliche Widerspruch scheint aber die Relevanz lokaler Zugehörigkeitsmuster nochmals zu unterstreichen, da selbst, wenn die Aussage des zweiten Sprechers zutrifft und auch NutzerInnen aus anderen Züricher Kreisen und aus dem Umland die Anlage nutzen, die lokale Zugehörigkeit für manche NutzerInnen aus dem Kreis 3 oder 4 eine nennenswerte Kategorisierung darstellt.

Natio-ethno-kulturelle Gruppenzugehörigkeiten

Standort Wien
Männliche Jugendliche (15- bis 19-jährig):
„Was soll ich sagen. Ich hab das Bild gewählt weil ich gerne Fussball spiele."
„(sagt etwas in einer anderen Sprache)"
„(sagt etwas in einer anderen Sprache)"

Standort Berlin
Fünf Jungen, ein Mädchen (7- bis 11-jährig):
„Türken Spieli, sagt er."
„Jeder sagt zu unser Klix Türken Spieli, weil da immer Türken darauf komm."
„Ist doch gut."
„Ist doch schlecht."

Standort Zürich
Junger Erwachsener (26-jährig):
„Hat es hier auf dem Platz viele ausländische Kinder?"
„Ja. Man könnte sagen mehr als 90 Prozent. Also Ausländer … ich fühle mich … also…"
„Wahrscheinlich viele Secondos?!"
„Ja genau! Sie können zwar Schweizerdeutsch, die Eltern aber sprechen immer noch gebrochen."
„Und ihr seid alle gemeinsam auf dem Platz? Alle spielen zusammen zum Beispiel Basketball oder alle Skaten zusammen?"
„Ja genau."
„Gibt es Rivalitäten?"
„Nein! Also auf jeden Fall nicht nach Schweizer oder Nicht-Schweizer. Das gibt es hier absolut nicht."

Da die TeilnehmerInnen der Gruppendiskussionen überwiegend Kinder und Jugendliche mit eigener oder familiärer Migrationsgeschichte sind, lassen sie sich in Anlehnung an die Arbeiten von Paul Mecheril (2009, S. 1092f.; vgl. Mecheril 2003) als Kinder und Jugendliche mit *natio-ethno-kulturellen* Mehrfachzugehörigkeiten beschreiben. Mecheril fasst unter dem Begriff der *natio-ethno-kulturellen* Zugehörigkeit die Verkopplung der verschiedenen Muster von „Nationalität", „Ethnie" und „kulturellem Hintergrund" (vgl. Mecheril 2009, S. 1089).[3]

Im Gespräch mit den älteren männlichen Jugendlichen in Wien haben sich die Jugendlichen an einigen Stellen in einer anderen als der deutschen Sprache unterhalten. Diese Kompetenz, über eine gemeinsame zweite oder erste Sprache neben der jeweiligen Amtssprache Deutsch zu verfügen, weist zumindest auf die Zugehörigkeit zu einer anderen *Sprachgruppe* hin.

Im Berliner Interview mit der Kindergruppe wird dagegen eine natio-ethno-kulturelle Zugehörigkeit ausdrücklich markiert. Die Kinder erzählen davon, dass die Klix-Arena von einigen auch „Türken Spieli" genannt werde. Da „jeder" dies zu „unserer Klix" sagt, handelt es sich hier um eine Fremd- und keine Selbstzuschreibung. Ob sich die Zuordnung „Türken" an der Sprache, spezifischen kulturellen Mustern, der Nationalität oder dem Geburtsland festmacht, wird von den Kindern nicht verdeutlicht. Auch in der Bewertung diese Zuschreibung sind sich die Kinder nicht einig.

Die in Zürich befragten älteren männlichen Nutzer sprechen von „mehr als 90 Prozent" ausländischen NutzerInnen des Platzes und markieren damit eindeutig natio-ethno-kulturelle Zugehörigkeitsmuster. Im weiteren Verlauf differenzieren sie die Kategorie „ausländisch" durch „Secondos" (*Zweite Generation*). Obwohl beide Gesprächspartner angaben, zu Hause entweder eine andere Sprache als Schweizerdeutsch oder Hochdeutsch zu sprechen oder ein Elternteil nicht in der Schweiz geboren sei, begreifen sie sich offenbar nicht als „Secondos", wie die von ihnen formuliert Abgrenzung zeigt: „Sie können zwar Schweizerdeutsch, die Eltern aber sprechen immer noch gebrochen".

Bemerkenswert ist die vehemente Betonung, dass die unterschiedlichen *natio-ethno-kulturellen* Zugehörigkeiten für den jungen Erwachsenen zu keinen Konflikten führten – diese Möglichkeit schließt er entschieden aus: „Nein!", „auf jeden Fall", „absolut nicht".

---

3   Die Bezeichnung dieser Mehrfach-Zugehörigkeitsmuster als natio-ethno-kulturelle hat den Vorteil, so die Annahme von Mecheril, dass keine eindeutige Bestimmung im Sinne einer der Kategorien mehr notwendig ist und zugleich alle Lesarten der Thematisierung umfasst werden können.

Gruppenzugehörigkeit Lebensstil

Standort Wien

Weibliche Jugendliche (16-jährig):
„Und könnt ihr euch vorstellen, da noch andere Gruppen zu treffen, also dass da noch andere Gruppen sind?"
„Nein, das ist unser Platz (lacht)."
„Nein, also es kommen sicher noch welche. Emos, Punks."

Standort Wien

Männliche Jugendliche (15- bis 19-jährig):
„Es gibt da Emos und so weiter."
„Die kommen sowieso. Wir können so nicht freihalten. Dort ist ein freier Platz."
„Sicher können wir."

Standort Zürich

Junger Erwachsener (26-jährig):
„Das ist halt einfach ein Spielzeug. Also vor allem, wenn du dich länger damit befasst, siehst du, dass Street skaten, Skaten im Allgemeinen, es ist eine Art Lifestyle wo du lebst."

Vor allem in Wien und Zürich werden noch Gruppenzugehörigkeiten basierend auf einem gemeinsamen Lebensstil benannt. In Wien werden im Interview der weiblichen Jugendlichen (erste Sequenz) und der männlichen älteren Jugendlichen (zweite Sequenz) neben den Skatern die Gruppen der „Emos" und der „Punks" benannt. Wie die Skater werden auch diese beiden Gruppen von den befragten Jugendlichen als unerwünscht beschrieben. Während die Bezeichnung „Skater" auf eine Sportart verweist, greifen die Bezeichnungen Emos und Punks Musikstile also eine andere Form von Lebensstilen auf.

Den Lebensstil des Skatens markiert der junge Erwachsene in Zürich sehr deutlich. Er bezeichnet Skaten ausdrücklich als „Lifestyle", den man bei längerer Beschäftigung mit diesem Sport lebe. Das unterstreicht auch die Verwendung der Bezeichnung „Spielzeug" im ersten Satz der Sequenz, womit eine deutliche Abgrenzung vollzogen wird zu denjenigen, hier die Kinder, die mit dem Skaten erst anfangen und damit noch keinen entsprechenden Lifestyle ausgeprägt hätten.

Die Lebensstilkategorie spielt in den Berliner Gruppendiskussionen keine explizite Rolle.

3 Konsequenzen für die Reflexion der pädagogisch-professionellen Ausgestaltung

Caroline Fritsche, Fabian Kessl & Christian Reutlinger

Die vorgestellten Ergebnisse in Bezug auf die Handlungsebene der jugendlichen Akteure wurden entlang der vier empirisch rekonstruierten Thematisierungsdimensionen kindlicher und jugendlicher *Bewältigungsmuster* im weiteren Evaluationsprozess in Thesen überführt.

Diese Thesen bildeten einerseits die Ausgangsbasis für Gespräche zwischen den Programmsteuerung der DKJS und den Evaluatoren in Bezug auf den weiterführenden Gestaltungs- und Steuerungsprozess des Programms SPIELRAUM. Andererseits stellten sie den Ausgangspunkt für die Diskussion mit den StandortvertreterInnen im Rahmen eines Netzwerktreffens dar.

Im weiteren Text werden diese Thesen in ihrer Herleitung aus den Thematisierungsdimensionen vorgestellt und um die Hinweise aus den Diskussionen mit den beteiligten Akteuren im Programm SPIELRAUM ergänzt.

3.1 Dimension „Partizipation"

Die befragten Kinder und Jugendlichen berichten in fast allen Gruppendiskussionen an den untersuchten Standorten von erlebten Partizipationserfahrungen, welche sie im Rahmen der durchgeführten Aktivitäten zur Neugestaltung und zum Umbau des jeweiligen Platzes gemacht haben. Aus den Aussagen der Kinder und Jugendlichen geht jedoch ebenso hervor, dass ihnen immer wieder unklar bleibt, wie einflussreich sie dabei wirklich waren. Jugendliche schätzen ihre Partizipationsmöglichkeiten beispielsweise angesichts bestehender politisch-administrativer Entscheidungsstrukturen in den jeweiligen Kommunen immer wieder skeptisch ein oder gehen davon aus, dass auch Entscheidungen auf dem Platz vor dem Hintergrund ihrer Wünsche oder Vorschläge letztlich von verantwortlichen Fachkräften oder anderen Entscheidern getroffen worden sind.

Auffällig ist dabei, dass die Frage der Einschätzung von Partizipationsmöglichkeiten deutlich altersförmig differiert: Die befragten Kinder schätzen ihre Wirksamkeit deutlich optimistischer ein als die jugendlichen GesprächsteilnehmerInnen.

Die schnelle Fluktuation in der AdressatInnengruppe, die für die pädagogische Arbeit in diesem Bereich prägend ist, zeigt sich auch hinsichtlich des Partizipationsprozesses an den Standorten. Besonders deutlich ist dies am Beispiel Zürich, wo zwischen erstem Beteiligungsprozess und Umbau vier Jahre lagen. Gerade für Programme, wie das Programm SPIELRAUM, das von der DKJS im

Rahmen des Schwerpunkts „Verantwortung wagen" geführt wird, und damit auf die Ermöglichung von Verantwortungsübernahme auf Seiten der AdressatInnen zielt, scheint es uns aber entscheidend zu sein, dass angesichts der Dynamik von kindlichen und jugendlichen Lebensphasen möglichst wenig Zeit zwischen Beteiligungsprozessen, der Konkretisierung der Planung und der Umsetzung der Platzneugestaltung oder analogen Realisierungsprozessen liegt. Andernfalls besteht die Gefahr, dass die beteiligten Gruppen bereits wieder neu zusammengesetzt sind und damit keine oder nur noch einzelne Partizipationserfahrungen auf Seiten der AdressatInnen vorliegen.

Vor dem Hintergrund dieser Erkenntnisse wurden folgende zwei Thesen formuliert, die den Vertreterinnen und Vertretern der Projektstandorte im Rahmen des Netzwerktreffens zur fachlichen Diskussion und standortspezifischen Einordnung angeboten wurden.

Thesen zur Dimension der Partizipation

- Beteiligungsmöglichkeiten müssen den Kindern und Jugendlichen transparent gemacht werden und mit ihnen verbindlich vereinbart sein.
- Partizipationsprozesse sollten sehr zeitnah zu den konkreten Planungs- und (Um)Bauarbeiten organisiert und durchgeführt werden, auch um Vertrauensaufbau zu ermöglichen und Wirksamkeit zu garantieren.

Reflexion der lokalen StandortvertreterInnen

In der Diskussion dieser beiden Thesen machten die StandortverterterInnen darauf aufmerksam, dass es sich bei einem Beteiligungsprozess, wie er im Rahmen des Programms SPIELRAUM initiiert wurde, notwendigerweise um eine relativ lang andauernde Angelegenheit handele. Derartige Zeitspannen seien für Kinder und Jugendliche immer potenziell zu lang, da auch ihr Zeitempfinden ein anderes sei als das von Erwachsenen. Vor diesem Hintergrund sei es kaum möglich gewesen, die Motivation bei den Beteiligten über die gesamte Dauer hoch zu halten. Einige Standorte berichteten außerdem, dass die Planungen zur Platzneu- oder -umgestaltung im Voraus für die Jugendlichen eher abstrakt bleiben mussten. Für sie sei es nach eigener Auskunft vielmehr entscheidend gewesen, dass der Umbau schnell realisiert wird. Daher bestehe in solchen Partizipationsprozessen auch die Gefahr, dass sich Frustration einstellt. Diese gelte es, durch die Professionellen aufzufangen. Diese einschränkenden Hinweise sollten allerdings nicht als Einwand gegen die partizipative Gestaltung des Planungsprozesses gelesen werden, so die StandortvertreterInnen weiter. Dazuhin liege in der Realisierung solcher Beteiligungsprozesse auch die Chance, dass ein Gemeinschaftsgefühl unter den Kindern und Jugendlichen entstehe bzw. ein solches gestärkt werde.

Die Herausforderung läge weiterhin darin, über die gesamte Dauer des Prozesses die drei Beteiligtengruppen der Kinder, der Jugendlichen und der Eltern angemessen anzusprechen und einzubeziehen. Auch dafür sei aber die Zeitspanne zwischen partizipativer Planung und Realisierung eher zu groß gewesen. Das Dilemma sei aber, dass eine gewisse Zeitspanne von mindestens mehreren Monaten nicht zu vermeiden sei, auch wenn es gelänge, sehr schnell zu arbeiten und den Realisierungsprozess voranzutreiben.

Als zweiten zentralen Hinweis formulierten die StandortverterInnen, dass bei der Durchführung von Partizipationsvorhaben mit Kindern und Jugendlichen die jeweils lokale Konstellation klar berücksichtigt werden müsse. Zentral sei dabei, dass die jeweiligen Spielregeln der einzelnen Standorte Berücksichtigung fänden. Wichtig sei auch, wie der Prozess vor Ort angelegt ist: *top down, bottom up*, anlassbezogen, parlamentarisch-repräsentativ oder direkt-demokratisch. Seien diese Verfahrensfragen klar definiert, sei es viel einfacher, den Jugendlichen gegenüber die Partizipationsbedingungen auch nachvollziehbar kommunizieren zu können.

Als Fazit der Reflexion der lokalen StandortvertreterInnen lässt sich festhalten, dass das unterschiedliche Zeitempfinden der beteiligten Gruppen, die jeweiligen Standortbedingungen, und die externen Bedingungen (Ämterlogiken, Rechtsgrundlagen) nach Einschätzung aller GesprächspartnerInnen einen großen Einfluss auf die Umsetzung des Programms SPIELRAUM hatten und dementsprechend bei ähnlichen zukünftigen Unterfangen berücksichtigt werden sollten.

Zugleich bleibt anzumerken, dass die Einschätzung der StandortvertreterInnen, dass eine gewisse Zeitdauer per se zu Frustrationserfahrungen führt, anderen Erkenntnissen widerspricht, wie sie vor allem in jüngsten Partizipationsprojekten mit Kindern erarbeitet wurden (vgl. Hansen/Knauer/Sturzenhecker 2011). Insofern wäre die Frage der Ausgestaltung der Partizipationsverfahren zukünftig für die jeweilige lokale Konstellation gezielter und für die Beteiligten erfahrbar zu konzeptionalisieren.

3.2 Dimension „Kritik an Autoritäten"

Das Programm SPIELRAUM nutzt für seine Zielsetzung, das heißt die Ermöglichung einer Entwicklung und Steigerung kindlicher und jugendlicher Handlungsfähigkeit, die lokalen Partnerorganisationen. Diese Träger offener Kinder- und Jugendarbeitsangebote bzw. von Angeboten der Jugendsozialarbeit sind aufgefordert, einen aufsuchenden Zugang zu den Kindern und Jugendlichen zu verwirklichen. Das allgemeine sozialpädagogische Prinzip einer aufsuchenden Arbeit wird damit in Form eines spezifischen NutzerInnen-Fachkräfte-Verhältnisses umgesetzt: Fachkräfte wenden sich nicht nur den Aufenthaltsorten und Alltagsbewältigungsstrategien der NutzerInnen zu, sondern positionieren sich als „Andere unter Gleichen" (Cloos 2009, S. 273ff.) bzw. als „Ungleiche unter Gleichen" (Gieseke 2000, S. 142).

Diese spezifische Positionierung wird in der gegenwärtigen Fachdiskussion zur offenen und aufsuchenden Kinder- und Jugendarbeit vor allem mit Blick auf die damit notwendige Milieu- und Sprachkompetenz von (sozial)pädagogischen Fachkräften verhandelt. Ein Ausdruck dieser Debatten ist die gezielte und verstärkte Beschäftigung von mehrsprachigen Fachkräften mit Migrationserfahrung. An allen drei untersuchten SPIELRAUM-Standorten zeigt sich dieses Fachlichkeitsprinzip in den Fachteams, die für die Plätze verantwortlich sind. Einige der befragten Kinder und Jugendlichen betonen in ihren Aussagen auch die damit mögliche spezifische Beziehungsdimension zu den Fachkräften, wenn sie, wie im Berliner Fall, von „gemeinsamer Milieu- und Herkunftserfahrung" sprechen; ähnliches zeigt sich in Zürich hinsichtlich des gemeinsamen Lebensstils. Damit verweisen die NutzerInnen aber zugleich auf das Dilemma dieser Art der Beziehungskonstellation: Das Prinzip des „Anderen" oder „Ungleichen unter Gleichen" kann sich hier zu einem Verhältnis eines „Gleichen unter Gleichen" verwandeln, wie beispielsweise die gemeinsame Milieusuggestion im Fall Zürich über die Betonung des Lebensstils „Trendsportart" andeutet.

Solche Grenzverschiebungen sind allerdings kontraproduktiv, weil sie die fachlichen Handlungsmöglichkeiten einschränken, im schlechtesten Fall verunmöglichen können. Denn die NutzerInnen suchen nicht nur die (Milieu-)Nähe, sondern auch die Distanz zu den Fachkräften, wie die Beispiele der Aushandlung von Grenzen (Berlin) oder der Kompetenzzuschreibung (Zürich) und einer begrenzten Einflussnahme (Wien) hinsichtlich der Platzgestaltung zeigen. Der Hinweis auf diese Distanznahme der NutzerInnen ist nicht zuletzt deshalb entscheidend, weil ansonsten die Inblicknahme der unterschiedlichen Interessenslagen behindert ist. Doch insbesondere die Ermöglichung partizipativer Formen der Platzgestaltung und -nutzung macht eine professionelle (sozial)pädagogische Fachlichkeit erforderlich, die genau solche unterschiedlichen Interessenslagen erkennen kann und wahrnimmt und damit auch für die dahinter liegenden Macht- und Herrschaftsverhältnisse sensibel ist. Die Sensibilität der NutzerInnen für die existierenden Macht- und Herrschaftsverhältnisse wird in Äußerungen der befragten Kinder und Jugendlichen deutlich, wenn diese beispielsweise hinsichtlich ihrer Einflussmöglichkeiten auf Fachkräfte beklagen: „Die hören eh nicht auf uns".

Darüber hinaus zeigt sich in diesem Zusammenhang auch die Gefahr einer latenten Differenzverwischung, die mit einer Konstellation der „Gleichen unter Gleichen" verbunden ist: die Kinder und Jugendlichen unterscheiden u.U.

nicht mehr zwischen Fachkräften und anderen erwachsenen Partnern. Die fehlende Expertise, die beispielsweise Züricher Jugendliche einigen erwachsenen Partnern zuschreiben, ist generell an die verantwortlichen Personen gerichtet, und nicht nach Fachkräften und anderen erwachsenen Partnern unterschieden.

Für die weitere Programmentwicklung und zukünftige Parallel- oder Nachfolgeprogramme wäre die Beziehungskonstellation im Kontext aufsuchender Angebote im Bereich (offener) Kinder- und Jugendarbeit gezielter in den Blick zu nehmen. Die in der aktuellen Fachdebatte markierte Gefahr, dass Milieukompetenz an manchen Stellen den „Fachlichkeitsausweis" zu ersetzen droht, ist dabei zu berücksichtigen. Das kann dadurch geschehen, dass die hilfreiche Dimension der Milieukompetenz als Faktor in die Entwicklung und Umsetzung von Partizipations-, Planungs- und Umgestaltungsprozessen mit einbezogen wird, das heißt die je biografische Prägung der einzelnen Fachkräfte – als „milieukompetent" – ebenso wie die spezifischen Zugehörigkeitsmuster auf Seiten der Kinder und Jugendlichen Berücksichtigung finden.

Aus den Ergebnissen des thematischen Schwerpunktes „Kritik an Autoritäten" wurde für die gemeinsame Diskussion im Rahmen des Abschlussnetzwerktreffens folgende These ausgearbeitet und mit den StandortvertreterInnen diskutiert.

These zur Dimension Kritik an Autoritäten

Das Dilemma von Milieukompetenz und die Inblicknahme von Machtverhältnissen sind im Rahmen von (partizipativen) Aktivitäten in der Kinder- und Jugendarbeit mit zu denken.

Reflexion der lokalen StandortvertreterInnen

Die StandortvertreterInnen betonen, dass die Kinder und Jugendlichen als NutzerInnen des Platzes ihre eigenen Machtverhältnisse und Regeln hätten, wie ein solches Beteiligungsprojekt durchgeführt werden solle. Vor dem Hintergrund der gemachten Erfahrungen hätten sie weiter den Eindruck, dass jede Altersgruppe gesondert, d.h. mit einem besonderen Beteiligungsangebot „bedient" werden müsse. Damit verbunden wären Vereinbarungen mit den entsprechenden politischen Entscheidungsträgern, welche im Vorfeld verbindlich/offiziell abgeklärt werden müssen und die Grundlage für ein solches Angebot wären. Entscheidend wäre hierbei, wie man sich als Erwachsener in diesem Prozess sieht, wie man seine eigene Rolle definiert. Es wurde weiterhin darauf verwiesen, dass man den Respekt bei den Jugendlichen nur durch Zuhören erhalten könne. Ein Vertreter meinte, dass man „sich als Sprecher für die Jugendlichen verstehen und ihre Interessen vertreten müsse".

Wäre die Rolle nicht geklärt, so bestehe immer die Gefahr, dass man „Polizei spielen und die Nutzung des Platzes durch die Jugendlichen kontrollieren müsse".

Die Position der StandortvertreterInnen changiert zwischen einem Selbstverständnis als Lobby der Jugendlichen auf der einen Seite und einer mindestens latenten Überforderungserfahrung, was den adäquaten Einbezug aller beteiligten Akteure angeht, auf der anderen. Eine transparente Bearbeitung der Macht- und Herrschaftsverhältnisse mit den beteiligen Akteuren wäre an diesem Punkt für zukünftige Projekte zu bedenken.

3.3 Dimension „Zugehörigkeiten"

Indem das Programm SPIELRAUM auf die „sinnvolle Nutzung" der *räumlichen Umwelt* und der „aktiven Gestaltung" der *unmittelbaren Umgebung* zielt und dabei *„sozial benachteiligte Stadtteile großer Ballungsräume"* in den Blick nimmt, so einige zentrale konzeptionelle Ankerpunkte des Programms SPIELRAUM (vgl. Homepage DKJS), hinterlegt sie den Programmaktivitäten einen territorialen Zugang. Dieser legt dazuhin eine Vorstellung relativ homogener AdressatInnengruppen nahe: Die Angebotsentwicklung zielt auf die Gruppe *aller* Kinder und Jugendlichen des fokussierten (benachteiligten) Stadtteils, wenn argumentiert wird, dass aufgrund der unterprivilegierten Lage des Stadtteils (bspw. keine oder keine angemessenen Räume für Bewegungsaktivitäten) *die* „Jugendlichen wenig Aufmerksamkeit erfahren" würden.

Die empirischen Ergebnisse verweisen nun allerdings darauf, dass die befragten Kinder und Jugendlichen keineswegs in dieser Eindeutigkeit territoriale Zugehörigkeiten markieren. Zwar spielen lokale Zugehörigkeiten durchaus eine Rolle (z. B. „alle aus Kreis 3 und 4" in Zürich), wie vor allem die unterschiedlichen Cliquenlogiken illustrieren können (z. B. der „Emos" in Wien oder der „Schanis" und „Klix" in Berlin), aber diese zeigen sich nicht nur sehr viel heterogener und liegen keineswegs auf der Ebene eines Stadtteils oder einer administrativen Einheit, sondern werden gleichzeitig von vielfältigen anderen Zugehörigkeitsmustern ergänzt und überlagert: Lebensstilen (z. B. „lifestyle-event Skaten" in Zürich), Sportarten (z. B. „Fokus Fußball" in Berlin, Frankfurt/Main oder Hamburg), Alter und vor allem auch Gender.

Das Programm SPIELRAUM und analoge Nachfolgeprogramme sollten daher an diesen heterogenen und auch widersprüchlichen Zugehörigkeitsmustern ansetzen und den territorialen Zugang nur als eine Dimension neben vielen anderen betrachten.

Damit stellt sich zugleich das systematische Problem, inwieweit welche Gruppe(n) durch spezifische Angebote an den Plätzen angesprochen werden.

Die Frage, ob es überhaupt möglich ist, verschiedene Gruppen mit ganz unterschiedlichen Selbstverständnissen und damit häufig verbundenen Interessenstrukturen mit relativ einheitlichen Angebotsstrukturen (z. B. Fußball) ansprechen zu können, oder ob man letztlich bei der Ansprache nur einzelner Gruppen „endet", ist daher immer wieder neu zu beantworten. Gerade im Fall von Angeboten für Bewegungsaktivitäten wäre in diesem Zusammenhang daher über die Möglichkeit flexibler pädagogischer Angebotsstrukturen nachzudenken, mit der ein Platz ganz unterschiedlichen Nutzungsansprüchen genügen könnte – beispielsweise durch differente Nutzungen zu unterschiedlichen Tageszeiten.

Die daher formulierte und mit den erwachsenen Akteuren diskutierte These zum Bereich Zugehörigkeiten lautet:

These zur Dimension der Zugehörigkeiten

Der gewählte „territoriale" Zugang von SPIELRAUM spiegelt sich nicht in dieser Weise in den Zugehörigkeitsmustern der Kinder und Jugendlichen wider. Vielmehr zeigen sich diese viel heterogener und widersprüchlicher.

Reflexion der lokalen StandortvertreterInnen

Die VertreterInnen der Standorte von SPIELRAUM sehen in den verschiedenen Zugehörigkeiten keinen Widerspruch – auch nicht in Verbindung mit dem territorialen Zugang bzw. der Gewichtung des Ortes. Gleichzeitig betonen sie, dass man nicht überall, das heißt an jedem Standort, Konflikte zwischen einzelnen Zugehörigkeitsmustern beobachten könne. Gleichzeitig decken sich die Ergebnisse mit ihren Beobachtungen, dass Aus- und Abgrenzungsprozesse an den Plätzen „Alltag" seien. Aus der Perspektive der StandortvertreterInnen müssen diese vor Ort stattfindenden Aus- und Abgrenzungsprozesse allerdings nicht per se zu Konflikten führen, sondern sie sehen diese als wichtiges Lernfeld für konstruktive Auseinandersetzungen.

Ergänzend wird festgehalten, dass es z. B. Abgrenzungen darüber gäbe, wer beim Umbau mitgemacht hat und wer nicht. Die Jugendlichen würden hierbei zwischen „Gastgebern und Gästen" unterscheiden.

Die VertreterInnen der Standorte nehmen in ihrer Arbeit die unterschiedlichen Zugehörigkeiten auch wahr. Sie betonen insbesondere den produktiven Charakter des Aushandelns unterschiedlicher Nutzungsmuster bzw. Regeln an den Plätzen, die den diversen und manchmal gegensätzlichen Ansprüchen der jeweiligen Gruppe von Kindern und Jugendlichen entspringt. Für Beteiligungsprojekte bzw. -angebote gälte es über eine differenzierte Anpassung an diesen Zugehörigkeitesmustern anzusetzen und durch geeignete Instrumente die Aus- und Abgrenzungsprozesse zu ermöglichen bzw. zu unterstützen.

3.4   Dimension „Nutzung(en)"

An jedem Standort hat im Rahmen des Programms SPIELRAUM eine konkrete Umgestaltung eines Platzes mit spezifischen Baumaßnahmen stattgefunden. Die jeweilige Bebauung formt die aktuelle und zukünftige Nutzung des Platzes konstitutiv mit.

Angesichts der Erkenntnis, dass sich die konkreten Nutzungsstrukturen deutlich zugehörigkeitsförmig differenzieren, zeigt sich nun, dass bestimmte bauliche Veränderungen zugehörigkeitsbezogene Markierungen und Nutzungsmöglichkeiten wie -einschränkungen produzieren: Dies zeigt sich insbesondere mit Blick auf die unterschiedlichen Altersgruppen und den Genderaspekt. Baulich nicht-intendierte Nutzungsformen und entsprechende Gruppen finden keinen Raum auf den Plätzen oder halten sich lediglich in Platznischen „am Rand" auf.

Als Konsequenz stellt sich für das Programm SPIELRAUM und analoge Programme an dieser Stelle die Herausforderung, dass die Frage der verschiedenen Nutzungsformen schon sehr früh in den Planungs- und Umgestaltungsprozess mit einzubeziehen ist. Dabei ist insbesondere eine Sensibilität für andere Nutzungsmöglichkeiten als „nur" einzelne, spezifische Sport- und Bewegungsarten an den Tag zu legen, indem Baumaßnahmen möglichst viel Offenheit für zukünftige Umnutzungen oder nicht-intendierte Aneignungsmuster zulassen.

Dem Programm SPIELRAUM liegt ein breites Verständnis von Sport und Bewegung zugrunde. Die konkreten Baumaßnahmen an den einzelnen Standorten zeigen jedoch zumeist einen deutlichen Fokus im Bereich des Fußballspiels.

Die Ergebnisse der Gruppendiskussionen zeigen nun, dass damit massive genderbezogene Nutzungsmuster dynamisiert und fixiert werden. Gender spielt durchgehend über alle Plätze hinweg eine zentrale Rolle sowohl bezüglich der (möglichen) Nutzungsformen als auch bezüglich der markierten Zugehörigkeiten.

Diese Erkenntnis sollte für die weitere Programmgestaltung und ähnlich gelagerte Programme zur Folge haben, dass bei der Planung, Umgestaltung aber auch bei der nachfolgenden „Bespielung" der Plätze der Genderfokus nicht nur mitgedacht wird, sondern zu einem zentralen Ausgangspunkt und kontinuierlichen Regulierungsaspekt gemacht wird.

Für das Thema Nutzung wurde folgende These formuliert.

These zur Dimension der Nutzung

Die Auswahl der Plätze bestimmt spätere Nutzungen ebenso entscheidend mit, wie die Bebauung des Platzes.

Reflexion der lokalen StandortvertreterInnen

Durch den Fokus Fußball besteht die Gefahr, die Anliegen und Bedürfnisse von Mädchen in der Planung und Umgestaltung des Platzes von Anbeginn an auszugrenzen. Die StandortvertreterInnen konkretisierten und kontextualisierten diese Thesen, indem sie darauf verwiesen, dass für SPIELRAUM z.T. Plätze ausgesucht wurden, an denen ein Fußballfeld bereits vorhanden gewesen sei. Sie sahen daher die Auswahl der Orte als genauso entscheidend an wie die folgende Bebauung. Grundsätzlich müsse daher überlegt werden, was man jeweils erreichen möchte. Auf Basis der Ergebnisse der wissenschaftlichen Prozessbegleitung liegt es nahe, als Ausgangspunkt die Vielfalt/Differenz/Heterogenität an Nutzungen vor Ort zu wählen, und damit folgende Fragen lokal zu bearbeiten: Was ist schon da?, Was ist noch möglich?, Welche Prozesse sollten angestoßen werden? Und: Welche Prozesse können über den Platz angeregt werden?

Die VertreterInnen der Standorte betonten in diesem Zusammenhang, dass aus der lokalen Konstellation heraus das Programm SPIELRAUM mitgestaltet werden sollte und nicht das Programm unabhängig von der lokalen Konstellation durchkonzeptionalisiert werden sollte. Gleichzeitig verwiesen sie darauf, dass die aus Sicht der wissenschaftlichen Prozessbegleitung formulierte zweite These auszuweiten sei: Ins Zentrum sei nämlich die Frage zu rücken, wie eine verstärkte Präsenz von Mädchen im öffentlichen Raum erreicht werden könne. Hierzu sei bspw. auch die Frage zu beantworten, wie bzw. ob eine gezielte Mädchenförderung im öffentlichen Raum ausschließlich über eine materielle Ausstattung der Plätze erreicht werden kann.

Insgesamt ist festzustellen, dass die Bebauung des jeweiligen Platzes die Nutzungsmöglichkeiten entscheidend mitbestimmt. Durch den „Fokus Fußball" besteht die Gefahr, insbesondere die Anliegen und Bedürfnisse von Mädchen in der Planung und Umgestaltung des Platzes von Anbeginn an auszuschließen.

Als Konsequenz stellt sich für die Kinder- und Jugendarbeit und entsprechende Maßnahmen die Herausforderung, die Frage der verschiedenen Nutzungsformen schon sehr früh in den Planungs- und Umgestaltungsprozess mit einzubeziehen. Dabei ist insbesondere eine Sensibilität für andere Nutzungsmöglichkeiten als „nur" einzelne, spezifische Sport- und Bewegungsarten an den Tag zu legen. Dies kann beispielsweise dadurch geschehen, dass Baumaßnahmen möglichst viel Offenheit für zukünftige Umnutzungen oder nicht-intendierte Aneignungsmuster zulassen.

4 Schlussfolgerungen

Caroline Fritsche, Fabian Kessl & Christian Reutlinger

Auf Basis der dargestellten Ergebnisse können für die Ebene der Handlungs- und Spielräume von Kindern und Jugendlichen folgende Schlussfolgerungen formuliert werden.

Der gewählte *territoriale Zugang* des Programms spiegelt sich nicht in dieser Weise in den Zugehörigkeitsmustern der Kinder und Jugendlichen wieder. Vielmehr zeigen sich diese viel heterogener und widersprüchlicher. Das Programm SPIELRAUM und analoge Nachfolgeprogramme sollten daher zukünftig an diesen heterogenen und auch widersprüchlichen Zugehörigkeitsmustern ansetzen und den territorialen Zugang nur als eine Dimension in seiner spezifischen Ausprägung neben anderen betrachten.

Damit stellt sich zugleich das systematische Problem, inwieweit welche Gruppe(n) durch spezifische Angebote an den Plätzen angesprochen werden. Die Frage, ob es überhaupt möglich ist, *verschiedene Gruppen* mit ganz unterschiedlichen Selbstverständnissen und damit häufig verbundenen Interessenstrukturen mit relativ einheitlichen Angebotsstrukturen (z. B. Fußball) ansprechen zu können, oder ob man letztlich bei der Ansprache nur einzelner Gruppen landet, ist daher immer wieder neu zu beantworten. Gerade im Fall von Angeboten für Bewegungsaktivitäten wäre in diesem Zusammenhang über die Möglichkeit flexibler pädagogischer Angebotsstrukturen nachzudenken, mit der ein Platz ganz unterschiedlichen Nutzungsansprüchen genügen könnte – zum Beispiel durch differente Nutzungen zu unterschiedlichen Tageszeiten.

Die *Bebauung des Platzes* bestimmt die Nutzungsmöglichkeiten entscheidend mit. Als Konsequenz stellt sich für das Programm SPIELRAUM und analoge Programme an dieser Stelle die Herausforderung, dass die Frage der verschiedenen Nutzungsformen schon sehr früh in den Planungs- und Umgestaltungsprozess mit einzubeziehen ist. Dabei ist insbesondere eine Sensibilität für andere Nutzungsmöglichkeiten als „nur" einzelne, spezifische Sport- und Bewegungsarten an den Tag zu legen, indem Baumaßnahmen möglichst viel Offenheit für zukünftige Umnutzungen oder nicht-intendierte Aneignungsmuster zulassen.

Durch den *Fokus Fußball* besteht die Gefahr, die Anliegen und Bedürfnisse von Mädchen in der Planung und Umgestaltung des Platzes von Anbeginn an auszugrenzen. Diese Erkenntnis sollte für die weitere Programmgestaltung und ähnlich gelagerte Programme zur Folge haben, dass bei der Planung, Umgestaltung aber auch bei der nachfolgenden „Bespielung" der Plätze der Genderfokus nicht nur mitgedacht wird, sondern zu einem zentralen Ausgangspunkt und kontinuierlichen Regulierungsaspekt gemacht wird.

Für die weitere Programmentwicklung und zukünftige Parallel- oder Nachfolgeprogramme wäre weiterhin die *Beziehungskonstellation* gezielter in den Blick zu nehmen. Die in der aktuellen Fachdebatte markierte Gefahr, dass „Milieukompetenz" an manchen Stellen den „Fachlichkeitsausweis" zu ersetzen droht, gilt es dabei zu berücksichtigen. Als Milieukompetenz wird das mit der jeweiligen Zielgruppe geteilte Erfahrungswissen verstanden. Zielgerichtet ist es sinnvoll, die Dimension der Milieukompetenz als Faktor in die Entwicklung und Umsetzung von Partizipations-, Planungs- und Umgestaltungsprozessen mit einzubeziehen, das heißt das je spezifische Erfahrungswissen der einzelnen Fachkräfte – als „milieukompetent" – ebenso wie die spezifischen Zugehörigkeitsmuster auf Seiten der Kinder und Jugendlichen fachlich zu berücksichtigen.

Hinsichtlich der Dimension der *Partizipation* ist schließlich festzuhalten, dass die Beteiligungsmöglichkeiten den Kindern und Jugendlichen kontinuierlich transparent gemacht werden müssen und mit ihnen verbindlich zu vereinbaren sind. Das impliziert einen sensible und gegenüber den NutzerInnen transparente Positionierung zu den existierenden Macht- und Herrschaftsverhältnissen.

Partizipationsprozesse sollten darüber hinaus möglichst zeitnah zu den konkreten Planungs- und (Um-)Bauarbeiten organisiert und durchgeführt werden, auch um dessen Wirksamkeit möglichst zu gewährleisten und einen Vertrauensaufbau zu ermöglichen. Allerdings sollte der Eindruck, dass ein länger andauernder Partizipationsprozess per se Frustrationserfahrungen hervorruft, vor dem Hintergrund jüngerer Forschungsergebnisse nicht vorschnell verallgemeinert werden. Vielmehr sollten Partizipationsverfahren zukünftig für die jeweilige lokale Konstellation gezielter konzeptualisiert werden, um eine wirkliche und erfahrbare Beteiligung der jeweiligen Akteure zu garantieren.

Literaturverzeichnis

Bohnsack, Ralf (1997): Gruppendiskussionsverfahren und Milieuforschung. In: Friebertshäuser et al. (1997): 492–501.

Bohnsack, Ralf (2007): Gruppendiskussion. In: Flick et al. (2007): 369–384.

Bohnsack, Ralf (2008): Rekonstruktive Sozialforschung. Einführung in qualitative Methoden. Opladen/Farmington Hills: Barbara Budrich.

Bohnsack, Ralf (Hrsg.) (2003): Rekonstruktive Sozialforschung. Einführung in qualitative Methoden. Opladen: Leske + Budrich.

Bohnsack, Ralf/Przyborski, Aglaja/Burkhard, Schäffer (2006): Das Gruppendiskussionsverfahren in der Forschungspraxis. Opladen: Barbara Budrich.

Breidenstein, Georg (2006): Teilnahme am Unterricht. Ethnographische Studien zum Schülerjob. Wiesbaden: VS Verlag für Sozialwissenschaften.

Cloos, Peter/Köngeter, Stefan/Müller, Burkhard/Thole, Werner (2009): Die Pädagogik der Kinder- und Jugendarbeit. Wiesbaden: VS Verlag für Sozialwissenschaften.

Deinet, Ulrich (2005a): Subjektbezogene Dimensionen der Aneignung. In: Deinet (2005): 59–74.

Deinet, Ulrich (Hrsg.) (2005b): Sozialraumorientierte Jugendarbeit. Wiesbaden: VS Verlag für Sozialwissenschaften.

Deinet, Ulrich (Hrsg.) (2008): Methodenbuch Sozialraum. Wiesbaden: VS Verlag für Sozialwissenschaften.

Flick, Uwe/Kardorff, Ernst von/Steinke, Ines (Hrsg.) (2007): Qualitative Forschung. Ein Handbuch. Reinbek: Rowohlt.

Friebertshäuser, Barbara/Friebertshäuser, Barbara/Prengel, Annedore (Hrsg.) (1997): Handbuch qualitative Forschungsmethoden in der Erziehungswissenschaft. Weinheim/München: Juventa-Verlag.

Giesecke, Hermann (2000): Politische Bildung. Didaktik und Methodik für Schule und Jugendarbeit. Weinheim: Juventa-Verlag.

Hansen, Rüdiger/Knauer, Raingard/Sturzenhecker, Benedikt (2011): Partizipation in Kindertageseinrichtungen. So gelingt Demokratiebildung mit Kindern! Berlin: verlag das netz.

Hirschauer, Stefan/Amann, Klaus (1997): Die Befremdung der eigenen Kultur. Zur ethnographischen Herausforderung soziologischer Empirie. Frankfurt/Main: Suhrkamp.

Krisch, Richard (2009): Aneignung als spezifische Wechselwirkung zwischen Jugend und Raum. In: Krisch (2009): 31–49.

Krisch, Richard (Hrsg.) (2009): Sozialräumliche Methodik der Jugendarbeit. Aktivierende Zugänge und praxisleitende Verfahren. Weinheim: Juventa-Verlag.

Lüders, Christian (2003): Teilnehmende Beobachtung. In: Bohnsack (2003): 151–153.

Mecheril, Paul (2003): Prekäre Verhältnisse. Über natio-ethno-kulturelle (Mehrfach-)Zugehörigkeit. Münster: Waxmann.

Mecheril, Paul (2009): Hybridität, kulturelle Differenz und Zugehörigkeiten als pädagogische Herausforderung. In: Mertens et al. (2009): 1085–1096.

Mertens, Gerhard/Macha, Hildegard/Frost, Ursula/Böhm, Winfried/Witzke, Monika (Hrsg.) (2009): Handbuch der Erziehungswissenschaft. Band lll: Familie – Kindheit – Jugend – Gender. Paderborn: Schöningh.

Reutlinger, Christian (2003): Jugend, Stadt und Raum. Sozialgeographische Grundlagen einer Sozialpädagogik des Jugendalters. Opladen: Leske + Budrich.

Reutlinger, Christian (2008): Raumdeutungen. Rekonstruktion des Sozialraums „Schule" und mitagierende Erforschung „unsichtbarer Bewältigungskarten" als methodische Felder von Sozialraumforschung. In: Deinet (2008): 17–32.

Bild 5: Alles klar!? Junge auf dem Bike im Rahmen des Eröffnungsfests des „Spielraums" in Zürich am 3. Juni 2009 © Schtifti Foundation

Bild 6: Biker am neuen Spielraum an der Bäckerstrasse in Zürich: Üben mit den
Obstacles, Juni 2009 © Schtifti Foundation

Bild 7: In der Turnhalle breiten sich die Workshopteilnehmenden auf die anstehende
Breakdance-Show im Rahmen des Eröffnungsfestes des Spielraums Zürich vor
© Schtifti Foundation

Bild 8: Im Schtifti Workshop Streetskaten werden die Kids in die Künste des Skaten
eingeführt, Impression im Rahmen des Eröffnungsworkshops in Zürich im Juni 2009
© Schtifti Foundation

Tamara Behnke | Meike Hartmann | Sarah Zimmermann

Zugehörigkeitsordnungen von Kindern und Jugendlichen im urbanen Raum am Beispiel der „Klix-Arena" in Berlin[1]

Aufbauend auf den Bewältigungsmustern von Kindern und Jugendlichen im öffentlichen Raum und den daraus resultierenden vergleichenden Kernthesen aus den Analysen der drei SPIELRAUM-Programmstandorte in Berlin, Wien und Zürich, wie sie im vorherigen Kapitel dargestellt wurden, soll an dieser Stelle noch einmal vertiefend auf die Thematisierungsdimension „Zugehörigkeiten" am Beispiel des Berliner Standortes eingegangen werden. Detailliert besprochen werden dabei die am deutlichsten wahrnehmbaren Zugehörigkeiten, deren Verbindungslinien und der Umgang mit ihnen im Programm SPIELRAUM.

Im September 2009 wurden, als ein Teil der wissenschaftlichen Prozessbegleitung, am Standort Berlin-Reinickendorf leitfadengestützte Gruppendiskussionen (vgl. Bohnsack 2007; auch: Lamnek 2005) mit drei Gruppen von Kindern und Jugendlichen[2] durchgeführt (vgl. den Beitrag zur „wissenschaftlichen Prozessbegleitung" von Kessl/Reutlinger in diesem Band). Bei der hermeneutischen Auswertung des Datenmaterials (vgl. Soeffner 2004) emergierten Kategorien aus dem Material, die die Frage nach den Handlungsräumen der Kinder und Jugendlichen als PlatznutzerInnen beantworteten. Eine dieser Kategorien beschreibt die Zugehörigkeitsordnungen der Kinder und Jugendlichen[3].

Für Paul Mecheril und Britta Hoffarth spielen Zugehörigkeiten als Rekonstruktion von Ordnungen hegemonialer Differenz in der Adoleszenz eine besondere Rolle (vgl. Mecheril/Hoffarth 2006: 240f.). Sie legen in ihren Überlegungen einen Adoleszenzbegriff zugrunde, der davon ausgeht, dass dieser einen Lebenszusammenhang beschreibt, in dem der Einzelne sich intensiv mit dem

---

1 Die hier vorgestellten Ergebnisse basieren auf einer Erhebung im Rahmen der wissenschaftlichen Prozessbegleitung des Programms SPIELRAUM, die eine Lehrforschungsgruppe der Universität Duisburg-Essen unter der Leitung von Fabian Kessl durchgeführt hat. Die Autorinnen waren Teil dieser Lehrforschungsgruppe.

2 Es gab eine Gruppendiskussion mit fünf Kindern zwischen 7 und 11 Jahren, eine Gruppendiskussion mit sechs hauptsächlich männlichen Jugendlichen zwischen 13 und 17 Jahren und eine Gruppendiskussion mit weiblichen Jugendlichen zwischen 12 und 19 Jahren.

3 Weitere Kategorien, die sich für den Standort Berlin ergaben und näher untersucht wurden, waren der Name des Platzes, Partizipation, Nutzung und Fokus Fußball. Diese Kategorien werden hier nur am Rande mit aufgegriffen und nicht näher erläutert.

Verhältnis zu sich selbst auseinander setzt. Dieser Selbstbezug ereignet sich zugleich im Verhältnis zu relevanten sozialen Kontexten. Der Zugehörigkeitsbegriff fokussiert deshalb das Verhältnis des Individuums zur Gesellschaft (vgl. ebd.: 246). Die Phase der Adoleszenz ist insofern geprägt von Bildungsprozessen, für welche die Verhältnissetzungen zwischen dem Einzelnen und politischen, kulturellen und sozialen Kontexten konstitutiv sind (vgl. ebd.: 240f.).

Die Auseinandersetzung mit und das Aushandeln von Zugehörigkeiten dienen dabei sowohl der Identitätskonstruktion als auch der Erweiterung und Absicherung des individuellen Handlungsspielraumes (vgl. Riegel/Geisen 2007: 12). Insofern lässt sich argumentieren, dass Zugehörigkeitsordnungen auch aus systematischen Gründen in Bezug auf die wissenschaftliche Prozessbegleitung des Programms SPIELRAUM relevant sind: Erstens befinden sich die befragten NutzerInnen der „Klix-Arena" überwiegend in der Adoleszenz, und – zweitens – hat es sich das Programm SPIELRAUM zum Ziel gesetzt, Handlungsspielräume von Kindern und Jugendlichen zu erweitern.

Für die Kinder und Jugendlichen der „Klix-Arena" wurden im Rahmen der Evaluation vier Zugehörigkeitsordnungen identifiziert: lokale sowie natio-ethno-kulturelle Zugehörigkeiten, Gender und Fußball.

Im Folgenden werden diese vier Zugehörigkeitsordnungen der Kinder und Jugendlichen vorgestellt und anschließend Verbindungslinien zwischen ihnen aufgezeigt. Im letzten Teil des Kapitels werden diese Ordnungen schließlich theoretisch eingeordnet und es wird kritisch hinterfragt, inwieweit das Programm SPIELRAUM diese Zugehörigkeitsordnungen und Differenzlinien in seiner bisherigen Gestalt berücksichtigt.

1   Zugehörigkeitsordnungen in den jugendlichen Gruppen

1.1   Lokale Zugehörigkeiten

In den oben erwähnten Gruppendiskussionen ordneten sich die männlichen Jugendlichen und die Kinder den die „Klix-Arena" umgebenden Straßen zu. Mit seiner Aussage, „Sie sind Schanis, wir sind Klix" teilt sich beispielsweise ein Jugendlicher zu Beginn einer Gruppendiskussion sehr deutlich einer Gruppe Jugendlicher auf dem Platz zu und distanziert sich gleichzeitig von einer anderen. In dieser und zahlreichen anderen Textstellen markieren die Kinder und Jugendlichen somit, dass sich die NutzerInnen des Platzes über eine bestimmte

Straße unterscheiden, in der sie wohnen bzw. über die sie den Platz erreichen.[4] Diese Zugehörigkeitskategorisierungen werden vor allem von den männlichen Jugendlichen als selbstverständlich hingenommen und stoßen innerhalb der jeweiligen Gruppen männlicher Jugendlicher auf große Zustimmung. Auffallend ist hierbei, dass sich diese Zugehörigkeitsordnung auf sehr kleinräumige, lokale Einheiten bezieht. Diese kleinräumige Identifikation kann mit der architektonischen und diskursiven Abtrennung der Straßen vom Rest des Stadtteiles erklärt werden (vgl. Schulze 2007: 103). Des Weiteren könnte auch die Gesamtgröße des Bezirks Reinickendorf ein Grund für die Wahl dieser kleinräumigen Zugehörigkeitsordnung spielen: der Bezirk umfasst insgesamt eine Fläche von 8948 ha und 241 203 BewohnerInnen, die dort mit Hauptwohnsitz gemeldet sind (vgl. Wirtschaftsförderung Bezirksamt Reinickendorf 2011). Diese Dimensionen lassen die Vermutung zu, dass er von den Jugendlichen als zu groß, aber aufgrund seiner Bevölkerungsstruktur auch als zu heterogen erfahren wird, so dass sich eher einzelne Straßenzüge als Identifikationsfolie anbieten.

Darüber hinaus stehen die unterschiedlichen lokalen Zugehörigkeitskategorien für die männlichen Jugendlichen gleichberechtigt nebeneinander, ohne eine ersichtliche Hierarchisierung. Diese scheinbar hierarchiefreie Abgrenzung geht einher mit der expliziten Markierung, die anderen Gruppen als solche zu akzeptieren und nicht als Konkurrenten zu beschreiben. Die Differenzierung in die unterschiedlichen Gruppen erscheint in der Außenbeobachtung wie eine Selbstkartierung der (männlichen) Akteure in einem lokalen Zugehörigkeitssystem. Von sozialen Hierarchien oder damit verbundenen Konflikten wird an keiner Stelle berichtet, wie die folgenden Beispiele zeigen:
1. In einem Abschnitt erläutert ein Diskutant, dass Jugendliche, die einer bestimmten Zugehörigkeitsgruppe angehören, den Platz aus je unterschiedlichen Ecken betreten, abhängig davon, in welcher Straße sie wohnen bzw. je nachdem „aus" welcher Straße sie kommen.
2. In einer anderen Textstelle erklärt ein Jugendlicher, dass manche NutzerInnen aus der Gruppe der „Schanis" den Platz seltener nutzten, weil „die kommen ja aus Scharnweber, ham ja n bisschen weiteren Weg".
3. Ein weiterer Jugendlicher beschreibt das Verhältnis der Gruppen zueinander wie folgt: „(A)lso ich kenn jeden von Klix [...] von Scharni und Klix wir kennen uns alle so". Nachdem er klar gestellt hat, dass er selbst jeden kennt, fügt er in einer „Wir"-Konstruktion hinzu, dass dies auf die gesamte hier benannte Gruppe zutreffe.

---

4   Die Kinder und Jugendlichen aus der Klixstraße heißen „Klix", die aus der Scharnweberstraße „Schani" und diejenigen, die in der Zobelitzstraße wohnen, werden als „Zobelitz" bezeichnet.

Auffällig an dieser dritten Textstelle ist, dass hier eine Nähe zwischen zwei spezifischen Gruppen beschrieben wird, das heißt zwar keine Hierarchisierung zwischen unterschiedlichen Gruppen, aber eine größere Nähe, ja ein Grad der Vergemeinschaftung zwischen den beiden Gruppen der Klix und der Schanis erfahren wird: Die Aussage, „(...) wir kennen uns alle" legt den Schluss nahe, dass das hier verwandte „Wir" nicht nur die Angehörigen einer lokalen Zugehörigkeitsgruppe betrifft, sondern ein nicht näher spezifiziertes Kollektiv umfasst, das sich über die Zugehörigkeitsordnung hinaus erstreckt, welcher sich der Sprecher zugehörig fühlt.

1.2 Natio-ethno-kulturelle Zugehörigkeiten

Da alle TeilnehmerInnen der Gruppendiskussionen (vgl. den Beitrag zur „wissenschaftlichen Prozessbegleitung" in diesem Band) Kinder und Jugendliche mit eigener Migrationsgeschichte waren, lassen sie sich in Anlehnung an die Arbeiten von Mecheril als Kinder und Jugendliche mit „natio-ethno-kulturellen" Mehrfachzugehörigkeiten beschreiben (vgl. Mecheril 2009: 1092f.; Mecheril 2003). Der Begriff der natio-ethno-kulturellen Zugehörigkeit steht für die unter verschiedenen Zuordnungen wie „Nationalität", „Ethnie" und „kultureller Hintergrund" verhandelte Zuordnung „nicht-deutscher Herkunft" bzw. „nicht ausschließlich deutscher Herkunft" in der bundesdeutschen Gesellschaft. Der Begriff erfasst diese verschiedenen Zuordnungen in einer begrifflichen Figur und weist damit die konstitutiven Verbindungen zwischen ihnen aus (vgl. Mecheril 2009: 1089).

Im empirischen Material werden diese Zugehörigkeiten in einer Gestalt thematisiert, die keine eindeutige Bestimmung der Kategorien als ethnisch, kulturell oder auf die Nationalität bezogen zulässt. Sprechen die Kinder und Jugendlichen beispielsweise von „Türken", so bleibt unklar, ob sie von einer AkteurInnengruppe türkischer Nationalität sprechen, oder auf kulturelle Gemeinsamkeiten abstellen, wie das Zelebrieren bestimmter Feiertage, die mit diesem Stichwort zwar benannt werden können, aber selbstverständlich auch unabhängig von spezifischen formalen Staatsangehörigkeiten einzelner AkteurInnen realisiert werden. Um falsche Reifizierungen zu vermeiden, wurde daher auf spezifische ethnisch-kulturelle oder nationale Kategorisierungen verzichten und stattdessen der Begriff der natio-ethno-kulturellen Zugehörigkeiten benutzt.

In der Gruppendiskussion mit den weiblichen Jugendlichen wird auf die Frage der Moderatorin: „Wer ist außer euch noch auf dem Platz?" als erste NutzerInnengruppe „die Türken" genannt. Im Anschluss werden weitere NutzerInnen(-gruppen) aufgezählt, allerdings ohne deren explizite natio-ethno-kulturelle Zuordnungen. Interessant ist dabei auch, dass an keiner anderen Stelle der Gruppendiskussion von den weiblichen Jugendlichen eine derartige Zuordnung vorgenommen wurde.

Es fällt auf, dass in Bezug auf explizite natio-ethno-kulturelle Zugehörigkeiten im Material nur die Kategorie „Türken" auftaucht und diese NutzerInnengruppe zugleich unbestimmt bleibt. Das kann entweder darauf verweisen, dass ein gemeinsames Wissen darüber vorausgesetzt wird, wer „Türken" sind, was sie ausmacht und in welcher Art und Weise sie den Platz nutzen. Dafür spricht, dass, im Gegensatz zu der unspezifischen Thematisierung dieser NutzerInnengruppe, in der unmittelbar an diesen Abschnitt anschließenden Aufzählung andere NutzerInnengruppen spezifisch charakterisiert werden, indem ihnen zugeordnete Nutzungsweisen ergänzt werden, wie zum Beispiel: „So ältere Leute die sitzen immer da...", „und Kinder und die Jungs die Fußball spielen".

Auch in der Gruppendiskussion mit den Kindern finden sich natio-ethnokulturelle Zugehörigkeiten im Zusammenhang mit der Thematisierung von Platznutzungsweisen und PlatznutzerInnen wieder. Hier werden neben Türken auch Italiener, Araber und Serben aufgezählt. Ebenso wie in der Textstelle aus der Gruppendiskussion der weiblichen Jugendlichen wird dabei die Kategorie „Türken" als erste genannt. Im Unterschied zu der Thematisierung durch die Mädchen wird von den Kindern aber eine bestimmte Form der Nicht-Nutzung thematisiert, nämlich: „Die Türken rennen doch nicht nachhause und trinken oder essen.". Nicht eindeutig identifizierbar bleibt die Benennung der Italiener, Araber und Serben. Auffallend ist jedenfalls, dass, ebenso wie bei den weiblichen Jugendlichen, von den Kindern ein gemeinsam geteiltes Wissen vorausgesetzt zu werden scheint, wer der Gruppe der Türken bzw. den anderen NutzerInnengruppen zuzuordnen ist, da sich die Kinder im Anschluss an diese Berichte anderen AkteurInnen auf dem Platz zuwenden und keine Notwendigkeit sehen, das Thema näher zu erläutern.

In der Gruppendiskussion mit den Kindern kommt es in diesem Zusammenhang zu folgender markanten Aussage: „Jeder sagt zu unser Klix Türken Spieli[5], weil da immer Türken darauf komm". Die Bezeichnung „Spieli" wird hier also in Verbindung mit der ethnischen Kategorisierung „Türken" verwendet. Die Textstelle lässt sich somit dahingehend interpretieren, dass diese Bezeichnung eine nach der Einschätzung der Kinder verbreitete Bezeichnung für den Platz darstellt. Gleichzeitig deutet die Aussage an, dass es sich bei dem Namen „Türken Spieli" um eine Fremdzuschreibung von SprecherInnen handelt, die nicht der Gruppe der PlatznutzerInnen zugehören.

---

5   In Randgesprächen teilten uns die Jugendlichen mit, dass „Spieli" ein in Berlin gebräuchlicher Begriff für Spielplätze sei.

In der Gruppendiskussion der Jugendlichen tauchen natio-ethno-kulturelle Zugehörigkeiten im Kontext der Aufzählung verschiedener Schulformen in Form des Begriffs „türkisches Gymnasium" auf. Damit ordnen die Jugendlichen einer pädagogischen Institution eine ethnische Zugehörigkeit zu, ähnlich wie dies in der Textstelle in der Gruppendiskussion Kinder in Bezug auf den Platz geschieht, wenn dieser als „Türken-Spieli" benannt wird.

1.3 Gender

Die Zugehörigkeitsordnung Gender wird von den NutzerInnen mehrfach im Zusammenhang mit der Abgrenzung der unterschiedlichen NutzerInnengruppen oder Nutzungsarten gebraucht. Außerdem verwenden die NutzerInnen die Gender-Zuschreibung zur gegenseitigen Benennung als „Mädchen" oder als „Jungs". Diese Zuordnungen werden auch mit geschlechterdifferenten Nutzungsarten verbunden: Die Jungs spielen demnach zumeist Fußball und die Mädchen nutzen den Platz mehrheitlich, um sich zu treffen, miteinander zu reden und auf ihre jüngeren Geschwister aufzupassen. Diese beschriebenen Unterschiede in den Nutzungsweisen von weiblichen und männlichen Jugendlichen zeigten sich auch in den Nadelbildern, die jeweils zu Anfang der Gruppendiskussion von den DiskutantInnen angefertigt wurden. Den Kindern und Jugendlichen wurde dazu ein Luftbild des Platzes in Reinickendorf vorgelegt und sie wurden gebeten, mit Stecknadeln die Stellen zu markieren, an denen sie sich gewöhnlich auf dem Platz aufhalten (vgl. zur Nadelmethode Deinet/Krisch 2002; Krisch 2009).

Die männlichen Jugendlichen platzierten sich dabei ausschließlich direkt auf dem Fußballfeld, die weiblichen Jugendlichen dagegen nur an den Auf- und Abgängen zu dem tieferliegenden Spielfeld und am Rand des gesamten Platzes. Diese fast klischeehaft anmutende Aufteilung wird allerdings durch Aussagen weiblicher Jugendlicher durchbrochen, die in der anschließenden Gruppendiskussion äußerten, dass sie auch auf dem Feld Fußball spielen: „Aber wir spiel jetzt auch immer, meistens da Fußball. Also wenn die Jungs nicht da sind.". In dieser Aussage deutet sich zugleich an, wie es zu der genderspezifischen Ordnungsmarkierung zu kommen scheint: Auf dem Platz herrscht demnach eine hegemoniale Geschlechterordnung vor, nämlich eine eindeutige Dominanz der männlichen Platznutzer, was die Nutzung des Fußballfeldes angeht. Und diese scheinen die Mädchen – trotz ihrer faktischen Nutzung des Platzes zum Fußballspielen – in der ersten spontanen ihrer Platzposition zu reproduzieren, indem sie sich außerhalb des Spielfelds lokalisieren.

1.4 Fußball

Fußball stand im Fokus der Programmkonzeption von SPIELRAUM für den Standort Berlin. Auch in den Gruppendiskussionen thematisierten die befragten Kinder und Jugendlichen immer wieder Fußball und das Fußballfeld. Die Aufwertung des Fußballfeldes nahm im Rahmen der Programmumsetzung einen entsprechend großen finanziellen, aber auch diskursiven Raum ein. Das Fußballfeld wurde in diesem Prozess mit einer neuen Kunstrasenoberfläche und neuen Toren versehen.

Für die älteren männlichen Jugendlichen ist Fußball nach eigener Beschreibung auch die zentrale Nutzungsweise der „Klix-Arena". Aber auch die weiblichen Jugendlichen und die Kinder berichten, wie dargestellt, dass sie den Platz zumindest gelegentlich zum Fußball spielen nutzen.

Fußball ist für die Kinder und Jugendlichen der „Klix-Arena" jedoch mehr als nur eine spezifische und häufige Nutzungsweise. Über sie wird unseres Erachtens die dominante Ordnungsstruktur des Platzes realisiert: Nicht nur die männlichen Jugendlichen, sondern vor allem eine Gruppe von älteren männlichen Jugendlichen, so beschreiben die GesprächspartnerInnen in den Gruppendiskussionen die Situation in der „Klix-Arena", dominiert das Spiel auf dem Fußballfeld. Die Differenzierung dieser fußballdominanten Gruppe von Jugendlichen von den anderen nicht-fußballdominanten Gruppen scheint daher eine der zentralen Unterscheidungslinien auf dem Berliner SPIELRAUM-Platz zu sein.

Wie diese Hinweise bereits zeigen, sind die Zugehörigkeitsordnungen „Fußball" und „Gender" eng miteinander verkoppelt. Die Aussage der weiblichen Jugendlichen, dass sie auf dem Platz nur Fußball spielen, wenn kein Junge anwesend ist, unterstreicht nicht nur die auf dem Fußballfeld dominante Gruppe männlicher Jugendlicher, sondern weist auch darauf hin, dass die Mädchen nur relativ selten auf dem Platz Fußball spielen. Da die „Klix-Arena" tagsüber gut besucht ist – wie die Autorinnen beobachten konnten, und die NutzerInnen mehrfach bestätigt haben – sind die Momente, in denen die Mädchen unter sich sind, aller Wahrscheinlichkeit nach rar.

Allerdings kann die Unterscheidungslinie zwischen fußball-dominaten und nicht-fußballdominanten Gruppen nicht ausschließlich entlang der Zugehörigkeitsordnung „Gender" gezogen werden. Denn zu den nicht-fußballdominanten Gruppen gehören neben den weiblichen Jugendlichen auch die (jüngeren) Kinder. Diese weisen nämlich explizit darauf hin, dass sie von männlichen Jugendlichen immer wieder vom Fußballfeld verwiesen werden. Des Weiteren wird von einer bestimmten Gruppe der „Opfer" berichtet, die von den fußball-dominanten Jugendlichen, ebenfalls regelmäßig vom Fußballspiel ausgeschlossen werden.

2 Verbindungslinien zwischen den Zugehörigkeitsordnungen

Die beschriebenen Zugehörigkeitsordnungen können, wie der letzte Abschnitt nochmals verdeutlicht hat, nicht getrennt voneinander betrachtet werden. Es bestehen vielmehr starke Verbindungslinien zwischen ihnen, die für die Gesamtbetrachtung von Bedeutung sind.

Außerdem zeigt sich bereits an dieser Stelle eine machtförmige Strukturierung der Zugehörigkeitsordnungen: Während die lokalen Zugehörigkeiten zwar ohne ersichtliche Hierarchisierung als bloße örtliche Zugehörigkeitskartierung nebeneinander gestellt werden – der besondere Fall der Kategorie „Klix" wird im Folgenden noch einmal separat betrachtet – werden in Bezug auf die Zugehörigkeitsordnungen „Gender" und „Fußball" deutliche Machtgefälle und hegemoniale Ordnungsmuster auf dem Platz deutlich.

2.1 Die Besonderheit der Kategorie „Klix"

Betrachtet man „Klix" nicht nur hinsichtlich der Bedeutung dieser Kategorie als Markierung einer lokalen Zugehörigkeit, sondern auch als eine Figur, die im Rahmen des Partizipationsprozesses zur Platzumgestaltung mit den Kindern und Jugendlichen realisiert wurde, dann zeigt sich, dass dieser Figur noch eine größere Bedeutung als bisher beschrieben zukommt. Der Begriff „Klix" ist nämlich gleichzeitig (1.) ein Synonym für den im Programm entstandenen Name des Platzes („Klix" oder „Klix-Arena"), (2.) für die lokale Fußballmannschaft, die bei von Gangway e. V.[6] organisierten Turnieren antritt, und (3.) für eine als Gang bezeichnete Gruppe, die „Klix-Boys" heißt und allen Kindern und Jugendlichen bekannt zu sein scheint.

Damit kommt der Zuschreibung „Klix" – in Bezug auf diese drei weiteren Bedeutungen – eine größere Bedeutung und Aussagekraft als den anderen benannten lokalen Zugehörigkeitsordnungen zu. Allerdings eben nur in den Fällen, in denen mit der Bezeichnung „Klix" nicht nur die kleinräumige lokale Zugehörigkeitsordnung benannt wird.

Im Leitfaden für die Gruppendiskussionen war durchgängig die Verwendung des Namens „Klix-Arena" vorgesehen, der dem Platz infolge eines Namenswettbewerbs gegeben wurde. Im Verlauf der Gruppendiskussionen stellte sich jedoch heraus, dass die Kinder und Jugendlichen diesen offiziellen Programmnamen nur selten und stattdessen eher andere Namen verwendeten, so dass die

---

6   Gangway e. V. ist der örtliche Träger des Platzes.

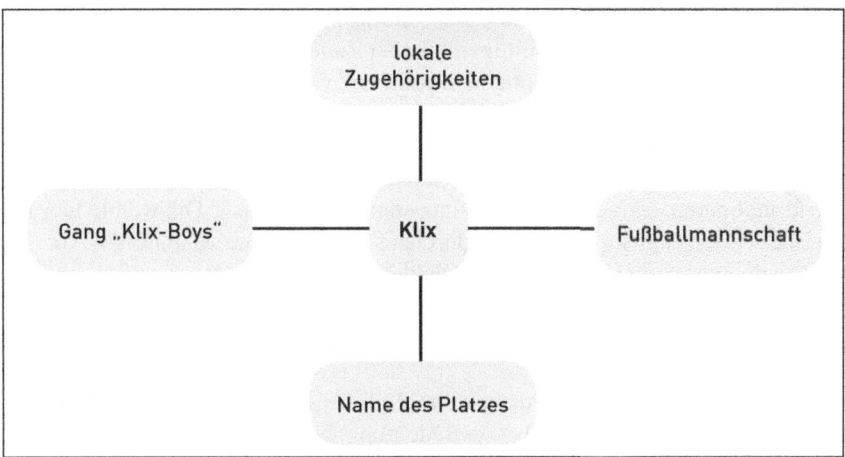

Abbildung 1: Unterschiedliche Bedeutungen für „Klix"

Moderatorinnen die Bezeichnung „Klix-Arena" schon während der Gruppendiskussionen durch die von den DiskutantInnen favorisierten Namen ersetzten.

Vor diesem Hintergrund wurde der tatsächlichen Verwendungspraxis des Namens „Klix-Arena" in der Auswertung nochmals besondere Beachtung geschenkt. Dabei zeigte sich, dass die Teilnehmerinnen der Gruppendiskussion „Mädchen" sich deutlich vom Gebrauch des Namens „Klix-Arena" distanzierten und ihn während der gesamten Gruppendiskussion auch nicht benutzten. Auch bei der Betrachtung der beiden anderen Gruppendiskussionen bestätigte sich, dass die beiden dort vertretenen weiblichen Teilnehmerinnen den Namen „Klix-Arena" nicht verwendeten. Die alternative Bezeichnung „Großes Spieli" wurde von den weiblichen Teilnehmerinnen dagegen vielfach benutzt, aber bemerkenswerterweise auch nur von ihnen. Der Gebrauch des Namens scheint also, ähnlich der Kategorisierungen in lokale Zugehörigkeiten, abhängig von der genderspezifischen Zugehörigkeit der PlatznutzerInnen. Es kann dabei vermutet werden, dass der Name „Klix-Arena" nur den der Genderkategorie „Jungs" angehörigen Kindern und Jugendlichen ein Zugehörigkeitsgefühl vermittelt.

In Bezug auf den SPIELRAUM-Standort in Berlin-Reinickendorf lässt sich daher schlussfolgern, dass die ausschließliche Verwendung des offiziellen Programmnamens „Klix-Arena" durch die ProgrammvertreterInnen auch als eine Vernachlässigung anderer Bezeichnungen gelesen werden kann, die für markante Teile der PlatznutzerInnen die üblichen Bezeichnungen darstellen.

Darüber hinaus ist festzuhalten, dass „Klix-Arena" nicht nur einen Namen für den Platz darstellt, sondern auch an weitere Zugehörigkeitskategorien gekoppelt ist. Bedenkt man die klare Zuordnungspraxis der Kinder und Jugendlichen in Bezug auf die kleinräumigen lokalen Zugehörigkeitsordnungen, könnte vermutet werden, dass der Name „Klix-Arena" vor allem denjenigen PlatznutzerInnen ein Gefühl der Zugehörigkeit vermitteln kann, die sich der Gruppe der „Klix" angehörig fühlen.

Außerdem heißt die Fußballmannschaft, die für den Bezirk Reinickendorf antritt und deren Turniere auf dem Platz stattfinden, „Klix". Die weiblichen Jugendlichen bezeichnen die „Klix" durchaus auch als ihre Mannschaft, die sie bei Spielen unterstützen. Die Zugehörigkeitsordnung „Klix" weist in dieser Variante also auch über die lokale Zugehörigkeit hinaus und integriert viele PlatznutzerInnen in Abgrenzung zu Mannschaften und deren AnhängerInnen aus anderen Bezirken.

An dieser Stelle ist auch der zweite Teil des offiziellen Programmnamens für den Berliner Platz nochmals von Bedeutung: Nicht nur „Klix", sondern auch das Wort „Arena" verweist nämlich auf den deutlichen Bezug zum Fußball, heißen doch mehr als die Hälfte aller Stadien, die im bundesdeutschen Kontext für internationale Spiele genutzt werden, inzwischen „Arena". Der im Programm SPIELRAUM verwendete Name unterstreicht somit auch auf der Ebene der Bezeichnungssymbolik den Fokus auf Fußball, den es am Standort Berlin ohnehin schon durch die Aufwertung des Spielfeldes gegeben hat.

Die Herkunft des Namens „Klix-Arena" für den Platz wurde nur in der Gruppendiskussion der Jugendlichen thematisiert und wie folgt dargestellt: „Das ham die Klix(er) erfunden". Damit wird deutlich angegeben, dass der Name von einer Teilgruppe der NutzerInnen kommt, nämlich den „Klix(er)"n. „Klix" wird im Folgenden noch dadurch weiter eingeschränkt, dass es sich um Jungen und Jugendliche, nämlich „die Klix-Boys", handelt. Die Verbindung zur lokalen Zugehörigkeit „Klixstraße" wird angegeben und genauer erklärt, dass die „Klix-Boys" eine Gruppe von Jugendlichen von dort sind, die den Namen bestimmt haben.

An dieser Stelle im Text wird damit auch deutlich, dass die TeilnehmerInnen der Gruppendiskussionen nicht an der Namensgebung des Platzes partizipiert haben oder sich zumindest mit ihren Vorschlägen nicht durchsetzen konnten. Offenbar hängt der Name, der sich im Partizipationsprozess durchgesetzt hat, mit der Einflussmächtigkeit der Gruppe der „Klix-Boys" zusammen. Inwiefern hierbei schon bestehende Machtstrukturen beibehalten und durch das Aufgreifen des Namens verfestigt bzw. weiter fokussiert und manifestiert wurden, bleibt unklar. In Randgesprächen wurde allerdings deutlich, dass es sich bei den „Klix-Boys" um eine Gang handelt, die immer wieder mit den geltenden gesetzlichen Vereinbarungen in Konflikt geraten ist, was auch wiederholt in der lokalen Presse dargestellt worden sei. Trotzdem oder vielleicht auch deswegen kommt den „Klix-Boys" im Projekt eine besondere Bedeutung zu – als besonders markante, vielleicht auch als latent gefährlich beschriebene Gruppe – und zwar nicht nur als Namensgeber des Platzes, sondern auch in Form einer visuellen Darstellung ihrer Mitglieder auf den Abgrenzungen des Fußballfeldes (siehe Bild 9, S. 117).

Vor diesem Hintergrund ist die Nicht-Identifikation bzw. Nicht-Aneignung des offiziellen Programmnamens durch NutzerInnen, die sich dieser Gruppe nicht verbunden fühlen, möglicherweise erklärbar. Daraus ergibt sich aber auch die Frage, ob die bestehenden Zugehörigkeitsordnungen während des Namensgebungsprozesses, den Gangway e.V. initiierte und realisierte, genügend berücksichtigt wurden, bzw. ob eine gleichberechtigte Partizipation bei der Namensgebung für alle PlatznutzerInnen bestanden hat. Gleichberechtigung würde in diesem Fall bedeuten, dass die differenten Zugehörigkeitsordnungen der Kinder und Jugendlichen wahrgenommen werden und unter deren Berücksichtigung für „gleiche Rechte und Zugang" (Knauer/Sturzenhecker 2005: 72) bei der Entscheidung über den Platznamen gesorgt wird. Denn „behandelt man Ungleiche gleich" (ebd.) – im bestehenden Fall also unterschiedlich einflussmächtige Gruppen von PlatznuterInnen –, dann „entsteht Ungerechtigkeit" (ebd.).

2.2   Hegemoniale Machtverhältnisse auf dem Platz

In der Auswertung des empirischen Materials wurde deutlich, wie bereits gezeigt werden konnte, dass es eine dominante Gruppe von männlichen Jugendlichen gibt, die die Ordnung auf dem Fußballfeld bestimmt. Die der Gruppe Zugehörigen werden als stark, groß und männlich beschrieben; sie scheinen zu entscheiden, wer wann auf dem Feld Fußball spielen darf. Dieser Gruppe untergeordnet sind verschiedene andere Gruppen: weibliche Jugendliche, Kinder und auch die so genannten „Opfer", die als schlechte Fußballspieler kategorisierten Jugendlichen. Die DiskutantInnen berichten von Konflikten, die entstehen, wenn sich die dominante Gruppe gegenüber diesen anderen Gruppen durchsetzt.

Bei der Gruppe der weiblichen Jugendlichen wird nicht deutlich, ob sie sich freiwillig der dominanten Gruppe unterordnet. Die Sprecherinnen berichten lediglich, dass sie nur auf dem Platz Fußball spielen, wenn keine Jungen da sind bzw. nur dann spielen, wenn ihnen gut bekannte Jungen auf dem Platz sind, und dies komme selten vor.

Die Verbindung zwischen Männlichkeit und Fußball, wie sie in den Machtverhältnissen auf dem Fußballfeld der „Klix-Arena" zu finden sind, sind keine Seltenheit. Fußball wird im Allgemeinen mit Männlichkeit assoziiert und Frauen wird damit immer wieder suggeriert, sie könnten kein Fußball spielen (vgl. Tillmann 2008: 91). Diese generellen Annahmen können Gründe für die Scheu der weiblichen Jugendlichen sein, nur dann zu spielen, wenn sie alleine bzw. mit ihnen vertrauten Personen auf dem Platz sind.

Die dominante Gruppe der männlichen Jugendlichen scheint entweder durch Zwang oder schon lediglich durch ihre reine Präsenz auf dem Platz die Handlungsmöglichkeiten der weiblichen Jugendlichen deutlich einzuschränken. Die Präsenz und Dominanz der männlichen Jugendlichen auf dem Platz hält daher die weiblichen Jugendlichen davon ab, das Fußballfeld (mehr) zu nutzen.

Wie kann diese genderspezifische Vormachtstellung erklärt werden?
Folgt man Esther Lehnert, die Raewyn Connells Theorie hegemonialer Männlichkeit im Kontext von Fußball zur Anwendung bringt, handelt es sich hier um eine Form dieser genderspezifischen Dominanz: „Connell spricht von ‚hegemonialer Männlichkeit‘, die er als jene Form von Männlichkeit definiert, die in einer gegebenen Struktur des Geschlechterverhältnisses die bestimmte Position (auch gegenüber anderen Männlichkeiten) einnimmt. […] so können gleichzeitig nur wenige dieser Männer dieser sozialen Praxis gerecht werden (bezogen auf ihren sozialen Status, ihre ethnische Herkunft, ihren Bildungshintergrund, ihre Hautfarbe, ihre sexuelle Orientierung etc.)“ (Lehnert 2006: 86f.). Diese Annahme erklärt nicht nur die Dominanz einer Gruppe männlicher Jugendlicher über die weiblichen Platznutzerinnen, sondern auch über andere Gruppen, die wegen ihres mangelhaften Fußballspiels diskriminiert werden. Während Lehnert in diesem Zitat hegemoniale Männlichkeit durch Machtverhältnisse und Exklusion aufgrund von Zuschreibungen erklärt, thematisiert Pierre Bourdieu eine weitere Dimension männlicher Dominanz: die Dominanz des Männlichen über den öffentlichen Raum. Frauen, so Bourdieu, positionieren sich im öffentlichen Raum systematisch unterhalb von Männern (vgl. Bourdieu 1997). Diese

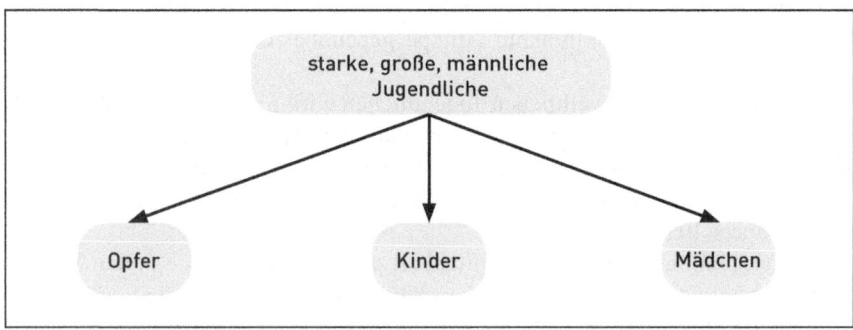

Abbildung 2: Machtstrukturen auf dem Fußballfeld

Deutung ist als Erklärungsmuster für die Situation auf dem Platz insoweit adäquat, als in den Beschreibungen der weiblichen Jugendlichen keine Hinweise auf eine Fremdbestimmung ihres Verhaltens expliziert wird. Mit Bourdieu kann dies auf den in der Sozialisation entstandenen geschlechtlichen Habitus zurückgeführt werden. Eben diese Habitusveränderung beschreibt Angela Tillmann in Bezug auf Fußball. Sie geht dabei davon aus, dass viele Mädchen im Alter von etwa zwölf Jahren schlagartig mit dem Fußballspiel aufhören, weil sie Angst haben „nicht eindeutig als Frau erkannt und somit auch nicht begehrt zu werden" (Tillmann 2008: 103). Demzufolge kann vermutet werden, dass auch die Zurückhaltung der weiblichen Jugendlichen in Berlin-Reinickendorf bezogen auf das Fußballspiel ein sozialisiertes Muster repräsentiert.

3   Differenzsensible Arbeit im Programm SPIELRAUM?

Die mit diesen Analysen mögliche differenzierte Betrachtung der Verbindung zwischen den Zugehörigkeitsordnungen und den daraus resultierenden Macht- und Herrschaftsverhältnissen auf dem Platz an der Klixstraße verweist auch auf bestimmende Zugehörigkeitsordnungen in den bestehenden gesellschaftlichen Verhältnissen. Daher stellt die Erkenntnis, dass es genderspezifische Zugehörigkeitsordnungen gibt und diese sich auch auf das NutzerInnenverhalten auswirken, keine spektakuläre oder innovative Einsicht dar, und auch die Dominanz von einigen männlichen Jugendlichen auf dem Platz hätte bereits vor der wissenschaftlichen Prozessbegleitung auf Basis vorliegender Studien und theorie-systematischer Erkenntnisse vermutet werden können. Insofern soll abschließend die Frage aufgeworfen werden, wie im Programm SPIELRAUM mit diesen auf dem Platz in Berlin vermutbaren und, wie das empirische Material zeigt, auch existenten Zugehörigkeitsordnungen umgegangen worden ist. Zugespitzt formuliert: Hat im Verlauf des Programms die Perspektive einer differenzsensiblen Sozialen Arbeit (vgl. Kessl/Plößer 2010) Berücksichtigung gefunden, mit der die Handlungsfähigkeit aller Kinder und Jugendlichen erhöht werden konnte?

Versteht man Soziale Arbeit im Anschluss an Fabian Kessl und Susanne Maurer als eine „(sozial)pädagogische Grenzbearbeiterin", so kann davon ausgegangen werden, dass ihr die Aufgabe zukommt, Grenzen zu erweitern und (Handlungs-)Möglichkeiten zu eröffnen, um die Teilhabemöglichkeiten der NutzerInnen zu vergrößern (vgl. Kessl 2009: 55; Kessl/Maurer 2010).

Diese Haltung macht eine differenzsensible Soziale Arbeit erforderlich, die im Spannungsfeld zwischen Anerkennung von Differenz als Praxis der Thematisierung von Ungleichheiten und der durch eben diese Anerkennung von Differenz miterzeugten sozialen Ungleichheiten agiert. Im Zentrum dieser Positionierung steht nach Catrin Heite (vgl. 2010) die Analyse eingeschränkter Handlungsmöglichkeiten der AkteurInnen innerhalb und außerhalb ihrer Differenzen. Das Wahrnehmen und Analysieren von Unterschieden, wie individuelle Zugehörigkeitsordungen, macht es im Folgenden erst möglich, sensibel mit eben diesen Differenzen umzugehen.

Genau wie Melanie Plößer (vgl. 2010) fordert Heite somit einen dekonstruktiven Umgang mit Differenzen. Daher ist es für sie notwendig, sich als SozialarbeiterIn der gegebenen Unterschiedlichkeiten und somit auch der differenzierten Zugehörigkeiten der NutzerInnen zu vergewissern. Aufgabe einer Sozialen Arbeit, die Differenzen dekonstruiert, und die Plößer performativ nennt, ist es, „solche Verengungen, Normen und Begrenzungen aufzuspüren und zu skandalisieren, die die Handlungsfähigkeiten und Ausdrucksmöglichkeiten der Subjekte verstellen bzw. zusätzlich regulieren und erschweren" (Plößer 2010: 230).

Folgt man Plößer mit der Annahme, dass Differenzen performativ erzeugt werden, so ist Soziale Arbeit performative Praxis. Differenzsensible Soziale Arbeit, die immer mit differenten AkteurInnen arbeitet, beachtet die Differenzen und passt ihre Arbeit entsprechend des Individuums an. Durch das Arbeiten mit Differenzen reproduziert Soziale Arbeit aber aktiv die vorhandenen Differenzen. Aus dieser Perspektive wird deutlich, dass Differenzen eine große Machtwirkung haben, „denen Adressaten und Adressatinnen Sozialer Arbeit durch Differenzordnungen ausgesetzt sind, und es öffnet den Blick für die Beteiligung der Sozialen Arbeit an der (Re-)Produktion dieser Ordnungen und Wirkungen" (Plößer 2010: 229).

Soziale Arbeit nimmt somit keine Außenposition ein, sondern ist an der Erzeugung und Aufrechterhaltung von Ungleichheitsverhältnissen durch Differenzierungen beteiligt. Diese Beteiligung kann und muss jedoch dekonstruiert werden, um dann die Frage nach dem „Wie" einer Beteiligung bzw. nach der Art und Weise des Regierens thematisieren zu können.

Differenzsetzungen gehen zwangsläufig mit Ausschluss und Hierarchisierungen einher. Deswegen ist es notwendig, diese Differenzsetzung näher zu betrachten und zu dekonstruieren, da Soziale Arbeit bzw. eine kritische Soziale Arbeit das Ziel verfolgt, soziale Ungleichheiten zu minimieren.

Eben diese Aufdeckung der bestehenden Zugehörigkeitsordnungen bzw. Differenzsetzungen der NutzerInnen der „Klix-Arena" leistet das hier vorgestellte Lehrforschungsprojekt in Bezug auf die Situation auf dem Platz in Berlin.

Dadurch, dass sich die Umgestaltung des Fußballfeldes besonders an die Gruppe der Fußball dominanten männlichen Jugendlichen gerichtet hat und sich somit an ihren Interessen und Bedürfnissen orientiert, ist das Programm SPIEL-

RAUM am Standort Berlin in der Gefahr, die vorherrschenden Zugehörigkeitsordnungen und Machtstrukturen zu stützen und mit zu reproduzieren. Für die weitere Entwicklung des Programms SPIELRAUM am Standort Berlin, aber auch an anderen Standorten, ist es daher in Bezug auf die Gestaltung von Partizipationsprozessen von entscheidender Bedeutung, dass die auf dem jeweiligen Platz vorherrschenden Zugehörigkeitsordnungen in zentraler Weise Berücksichtigung finden.

Literaturverzeichnis

Bohnsack, Ralf (2007): Gruppendiskussion. In: Flick et al. (2007): 369–384.

Bourdieu, Pierre (1997): Die männliche Herrschaft. In: Dölling; Krais (1997): 153–217.

Deinet, Ulrich/Krisch, Richard (Hrsg.) (2002): Der sozialräumliche Blick der Jugendarbeit. Methoden und Bausteine zur Konzeptentwicklung und Qualifizierung. Opladen: Leske + Budrich.

Dölling, Irene/Krais, Beate (Hrsg.) (1997): Ein alltägliches Spiel. Geschlechtkonstruktionen in der sozialen Praxis. Frankfurt/Main: Suhrkamp.

Flick, Uwe/Kardorff, Ernst von/Steinke, Ines (Hrsg.) (2007): Qualitative Forschung. Ein Handbuch. Reinbek: Rowohlt.

Hafeneger, Benno/Jansen, Mechtild M./Niebling, Torsten (Hrsg.) (2005): Kinder- und Jugendpartizipation. Im Spannungsfeld von Interessen und Akteuren. Opladen: Barbara Budrich.

Heite, Catrin (2010): Anerkennung von Differenz in der Sozialen Arbeit. Zur professionellen Konstruktion des Anderen. In: Kessl; Plößer (2010): 187–200.

Kessl, Fabian (2009): Soziale Arbeit als Grenzbearbeiterin. Einige grenzanalytische Vergewisserungen. In: Neumann; Sandermann (2009): 43–61.

Kessl, Fabian/Maurer, Susanne (2010): Praktiken der Differenzierung als Praktiken der Grenzbearbeitung. Überlegungen zur Bestimmung Sozialer Arbeit als Grenzbearbeiterin. In: Kessl; Plößer (2010): 154–169.

Kessl, Fabian/Plößer, Melanie (Hrsg.) (2010): Differenzierung, Normalisierung, Andersheit. Soziale Arbeit als Arbeit mit den anderen. Wiesbaden: VS Verlag für Sozialwissenschaften.

King, Vera/Koller, Hans-Christoph (Hrsg.) (2009): Adoleszenz – Migration – Bildung. Bildungsprozesse Jugendlicher und junger Erwachsener mit Migrationshintergrund. Wiesbaden: VS Verlag für Sozialwissenschaften.

Knauer, Raingard/Sturzenhecker, Benedikt (2005): Partizipation im Jugendalter. In: Hafeneger et al. (2005): 63–94.

Kreisky, Eva/Spitaler, Georg (Hrsg.) (2006): Arena der Männlichkeit. Über das Verhältnis von Fussball und Geschlecht. Frankfurt/Main: Campus-Verlag.

Krisch, Richard (Hrsg.) (2009): Sozialräumliche Methodik der Jugendarbeit. Aktivierende Zugänge und praxisleitende Verfahren. Weinheim: Juventa-Verlag.

Lamnek, Siegfried (2005): Gruppendiskussion. Theorie und Praxis. Weinheim/Basel: Beltz.

Lehnert, Esther (2006): Sozialpädagogische Arbeit mit Fans. In: Kreisky; Spitaler (2006): 83–96.

Mecheril, Paul (2003): Prekäre Verhältnisse. Über natio-ethno-kulturelle (Mehrfach-)Zugehörigkeit. Münster: Waxmann.

Mecheril, Paul (2009): Hybridität, kulturelle Differenz und Zugehörigkeiten als pädagogische Herausforderung. In: Mertens et al. (2009): 1085–1096.

Mecheril, Paul/Hoffarth, Britta (2006): Adoleszenz und Migration. Zur Bedeutung von Zugehörigkeitsordnungen. In: King; Koller (2009): 239–258.

Mertens, Gerhard/Macha, Hildegard/Frost, Ursula/Böhm, Winfried/Witzke, Monika (Hrsg.) (2009): Handbuch der Erziehungswissenschaft. Band lll: Familie – Kindheit – Jugend – Gender. Paderborn: Schöningh.

Neumann, Sascha/Sandermann, Philipp (Hrsg.) (2009): Kultur und Bildung. Neue Fluchtpunkte für sozialpädagogische Forschung? Wiesbaden: VS Verlag für Sozialwissenschaften.

Plößer, Melanie (2010): Differenz performativ gedacht. Dekonstruktive Perspektiven auf und für den Umgang mit Differenzen. In: Kessl; Plößer (2010): 218–232.

Rautenberg, Michael/Tillmann, Angela/Böhnisch, Lothar (Hrsg.) (2008): Doppelpässe. Eine sozialwissenschaftliche Fussballschule. Weinheim/München: Juventa-Verlag.

Riegel, Christine/Geisen, Thomas (Hrsg.) (2007): Jugend, Zugehörigkeit und Migration. Subjektpositionierung im Kontext von Jugendkultur, Ethnizitäts- und Geschlechterkonstruktionen. Wiesbaden: VS Verlag für Sozialwissenschaften.

Schulze, Erika (2007): „Und ich fühl mich als Kölner, speziell als Nippeser". Lokale Verortung als widersprüchlicher Prozess. In: Riegel; Geisen (2007): 97–110.

Soeffner, Hans-Georg (2004): Der Alltag der Auslegung. Zur wissenssoziologischen Konzeption einer sozialwissenschaftlichen Hermeneutik. Konstanz: UVK.

Tillmann, Angela (2008): Frauen und Ballgefühl?! Wie sich Frauen in einer Männerdomäne bewegen. In: Rautenberg et al. (2008): 91–110.

Wirtschaftsförderung Bezirksamt Reinickendorf: Statistische Angaben. http://www.berlin.de/ba-reinickendorf/wirtschaftsfoerderung/wirtschaftsstandort/statistik.html. 2. Mai 2011.

Bild 9: Die Klix-Boys, auf die Betonmauer gemalt, die das Fußballfeld umgibt
© Meike Hartmann

Caroline Fritsche | Fabian Kessl | Christian Reutlinger

Professionelle Vernetzungsräume: Institutionelle Erweiterung von Handlungsoptionen Jugendlicher und die Vernetzung erwachsener Akteure

Der Fokus der zweiten Phase der wissenschaftlichen Prozessbegleitung lag auf den erwachsenen AkteurInnen der offenen Kinder- und Jugendarbeit an den fünf SPIELRAUM-Standorten. Die dahinter liegenden erkenntnisleitende Fragestellung lautet folgendermaßen: *Inwiefern und in welcher Weise kann die Handlungsfähigkeit der Kinder und Jugendlichen institutionell, das heißt durch das professionell-pädagogische Engagement der beteiligten erwachsenen AkteurInnen ermöglicht und gefördert werden (institutionelle Rückbindung)? Und in welcher Weise „gelingt" Vernetzung zwischen erwachsenen AkteurInnen, und damit zwischen den Trägern pädagogischer Angebote – in der Hoffnung, dass diese Vernetzung die institutionelle Ermöglichung und Förderung der jugendlichen Handlungsfähigkeit zusätzlich unterstützt? Lassen sich aus den entsprechenden Befunden Gelingensbedingungen für den Aufbau von „Verantwortungsgemeinschaften" generieren?*

Ansatzpunkt für die wissenschaftliche Prozessbegleitung auf der Ebene der Handlungs- und Vernetzungsräume waren die Kooperationserfahrungen der erwachsenen AkteurInnen an den unterschiedlichen SPIELRAUM-Standorten (lokale Träger des Programms), sowie die durch das Programm entstandene länder- und standortübergreifende Zusammenarbeit im Rahmen der regelmäßig stattfindenden Netzwerktreffen.

Im weiteren Text wird das Vorgehen im Rahmen der Erhebung kurz skizziert. Daran anschließend werden Ergebnisse in drei Schritten dargestellt: erstens wird eine These zum Aspekt der institutionellen Rückbindung diskutiert und zweitens weitere vier Thesen hinsichtlich der Form und Ausgestaltung der Vernetzung der erwachsenen AkteurInnen im Rahmen von SPIELRAUM; drittens wurden mit den StandortvertreterInnen im Rahmen des Abschlussworkshops Gelingensbedingungen für den Aufbau lokaler „Verantwortungsgemeinschaften" herausgearbeitet, die im abschließenden Teil wiedergegeben werden.

1 Datenerhebung – zur Vorgehensweise

Während der gesamten Projektlaufzeit wurden die Aspekte der institutionellen Rückbindung und der Vernetzung mehrfach in den Blick genommen. Im Einzelnen lassen sich die folgenden Erhebungsmomente und die dazu gehörigen methodischen Zugänge zu den vor Ort vorgefundenen Kooperationsstrukturen benennen. [1]

- *Durchführung von Expertengespräche im Frühjahr 2009:* Im Rahmen der ersten Netzwerktreffen fanden mit verantwortlichen Fachkräften der drei Standorte Berlin, Wien und Zürich ExpertInnengespräche bezüglich der lokalen Vernetzung der erwachsenen AkteurInnen statt.

- *Telefonbefragung aller fünf Standorte im Herbst 2009:* Verantwortliche Fachkräfte aller fünf Programmstandorte wurden telefonisch zu ihren Kooperationserfahrungen befragt.

- *Durchführung einer Fallstudie in Berlin im Sommer 2010:* Am Standort Berlin wurde eine Fallstudie durchgeführt. Mit den MitarbeiterInnen des zentralen SPIELRAUM-Trägers Gangway e. V. und anderer kooperierender Einrichtungen, dem Lebenswelt e. V., diverser Kitas, der Stadtteilbibliothek, dem Mehrgenerationenhaus und eines lokalen Fußballvereins wurden dazu weitere Interviewgespräche durchgeführt. Zusätzlich fand ein Telefoninterview mit der zuständigen Vertreterin vom Bezirksamt Reinickendorf West statt, dem ko-finanzierenden Partner von Gangway e.V. (*Matchingpartner*). Im Mittelpunkt all dieser Gespräche standen Fragen nach der Art und Weise der Vernetzung zwischen den Einrichtungen oder damit verbundenen Hindernissen, der konkreten Nutzung des Platzes durch die verschiedenen Einrichtungen selbst bzw. entsprechenden Hindernissen für eine solche Nutzung und Fragen zur Rolle der existierenden regionalen Arbeitsgemeinschaft in Bezug auf die Platzgestaltung und -nutzung.

---

1 Schon während der ersten Phase der wissenschaftlichen Prozessbegleitung (September 2008 bis Dezember 2009, siehe ausführlich Beitrag „Wissenschaftliche Prozessbegleitung" in dem Band) wurden die Vernetzungspraktiken der Fachkräfte und anderer erwachsener Partner mittels ExpertInnengespräche ermittelt und im Rahmen des ersten Zwischenberichtes sichtbar gemacht. Die Diskussion der Kooperationsstrukturen, welche von Fachkräften eingeholt wurden, die im pädagogischen Bereich vor Ort mit den Kindern und Jugendlichen zusammenarbeiten oder zusammengearbeitet haben, wenn es um die Gestaltung und Nutzung des jeweiligen Platzes geht und ging, wurden zwischen der Programmleitung und den Evaluatoren diskutiert – ganz nach dem Verständnis der wissenschaftlichen Prozessbegleitung. Gemeinsam wurde vereinbart, im Rahmen der zweiten Projektphase einen besonderen Schwerpunkt auf die Frage der „Verantwortungsgemeinschaften" zu legen.

Alle Interviewgespräche wurden aufgezeichnet, transkribiert und anschließend inhaltsanalytisch ausgewertet (vgl. Mayring 2002, 2003[2]). Die damit gewählte Interpretationsform diente der direkten inhaltlichen Strukturierung des erhobenen Materials. Diese Vorgehensweise hat zum Ziel, „bestimmte Themen, Inhalte, Aspekte aus dem Material herauszufiltern und zusammenzufassen. Welche Inhalte aus dem Material extrahiert werden sollen, wird durch theoriegeleitete Kategorien und (sofern notwendig) Unterkategorien bezeichnet. Nach der Bearbeitung des Textes mittels des Kategoriensystems [...] wird das in Form von Paraphrasen extrahierte Material zunächst pro Unterkategorie, dann pro Hauptkategorie zusammengefasst" (Mayring 2003: 82).

Auf Basis der Ergebnisse wurden standortunabhängige Thesen formuliert, die beim Abschlussworkshop im November 2010 vorgestellt und mit allen StandortvertreterInnen diskutiert worden sind. Diese fachlichen Rückmeldungen flossen in die gemeinsame Erarbeitung der Gelingensbedingungen für lokale „Verantwortungsgemeinschaften" ein.

Die Struktur der gewählten wissenschaftlichen Prozessbegleitung in Form eines reflexiven Dialogprozesses und unter Einsatz des Instrumentes der Lehrforschung (vgl. den Beitrag zur „wissenschaftlichen Prozessbegleitung" in diesem Band) sowie unter den damit gegebenen finanziellen Bedingungen begrenzte die Möglichkeit der Datenerhebung. Insofern können die folgenden Ergebnisse nur auf ein Datenmaterial zurückgreifen, mit dem nicht auf alle in der Heuristik zum Bildungsraum benannten Aspekte Bezug genommen werden kann (vgl. den Beitrag zum „Bildungsraum" in diesem Band).

2 Institutionelle Rückbindung der Handlungsfähigkeit Jugendlicher

Im Zentrum der Frage nach der institutionellen Rückbindung sollte die Beurteilung und Bewertung des Potenzials einer Stabilisierung und Erweiterung der Handlungsfähigkeit von Kindern und Jugendlichen durch institutionelles Verbindungs- und Sozialkapital stehen, wie in der Heuristik verdeutlicht wurde (vgl. den Beitrag zu Bildungsräumen in diesem Band). Hierzu lässt sich aus dem vorhandenen empirischen Material allerdings keine angemessene Aussage treffen.

---

2   Mayring, Philipp (2002): Einführung in die qualitative Sozialforschung. Eine Anleitung zu qualitativem Denken. 5. Auflage, Beltz Studium: Weinheim 2002.
    Mayring, Philipp (2003): Qualitative Inhaltsanalyse. Grundlagen und Techniken. 8. Auflage, Beltz UTB: Weinheim.

Deutlich wurde jedoch, dass die institutionelle Rückbindung erst dann überhaupt erreicht werden kann, wenn Plätze in die Aufmerksamkeit der Träger geraten – entweder in Form einer Markierung ihrer Relevanz durch die Kinder und Jugendlichen oder durch die erwachsenen AkteurInnen selbst.

Daher lässt sich aus dem Datenmaterial indirekt eine These zur institutionellen Rückbindung der jugendlichen Platznutzung und insofern der Stärkung und Förderung ihrer Handlungsfähigkeit formulieren:

These	Nur wenn der Platz für die Kinder und Jugendlichen und/oder die erwachsenen AkteurInnen schon vor seiner Um- bzw. Neugestaltung Bedeutung hat, kann eine institutionelle Rückbindung, z. B. bei pädagogischen Trägern und der Bezirks- oder Kommunalverwaltung, stattfinden.

Hat der Ort für die Kinder und Jugendlichen keine Bedeutung, ist er also nicht bereits Teil ihrer Handlungsräume, wird er dies auch nach einem Umbau oder durch einen Neubau nur sehr schwer. Weist der Ort für den Träger keine Bedeutung auf, ist er also nicht Teil seiner institutionellen Perspektive, besteht die Gefahr, dass er dies auch nach einem Umbau oder durch einen Neubau nur sehr schwer wird. Wird dem Platz dagegen institutionell schon vor dem Umbau/Neubau eine Bedeutung zugewiesen, erscheint auch ein Ausbau bestehender professioneller Kooperationsmuster bzw. eine kooperative Platzgestaltung und -entwicklung wesentlich einfacher möglich.

Lässt sich eine Bedeutungszuweisung für den Platz nachzeichnen, ist eher davon auszugehen, dass ihm eine institutionelle Relevanz zuerkannt wird, und es somit eine institutionelle Rückbindung der Platznutzung von Kindern und Jugendlichen gibt.

Illustration der These entlang der Fallstudie

Am Standort Berlin wurde der Platz schon vor Beginn der Programmaktivitäten von den Kindern und Jugendlichen des Quartiers genutzt und von Gangway e. V. als sozialpädagogischem Träger im Rahmen ihrer aufsuchenden Angebote in ihre Arbeit aktiv eingebunden. Im Rahmen des so genannten Bolzplatzprojekts stimmen beispielsweise Gangway e. V. und Lebenswelt e. V. ihre Angebote auf dem Platz aufeinander ab. In der Kiezrunde, in der alle pädagogischen Einrichtungen in unmittelbarer Umgebung des Platzes bzw. „rund um die Auguste-Victoria-Allee" vertreten sind, war der Platz dazuhin auch schon vor SPIELRAUM regelmäßig Thema (z. B. in Bezug auf die Planung von Projekten vor Ort). Der Platz wurde zudem bereits 2004 mit Unterstützung des zuständigen Bezirksamts und unter Beteiligung vieler Jugendlichen aus dem

Kiez erstmals saniert. Im Zuge dieser ersten Sanierung wurde ein Bodenbelag aus Holzspänen eingefüllt und die Wände um den Fußballplatz neu gestrichen.

Diskussion der These

Von den VertreterInnen der anderen SPIELRAUM-Standorte wurde die These, dass es entscheidend sei, ob der Platz für Kinder und Jugendliche und/oder die erwachsenen Akteure schon vor Programmbeginn Bedeutung hatte, mit Blick auf ihre eigenen Plätze jedoch kontrovers diskutiert: Nach ihren Aussagen zeigt sich zwar auf der einen Seite, dass dort, wo ein Platz entweder schon vor den Programmaktivitäten von SPIELRAUM Gegenstand intensiver kommunalpolitischer, bürgerschaftlicher und pädagogisch-professioneller Diskussionen oder schon als Spielraum etabliert war, die These der Notwendigkeit einer vorgängigen Bedeutung des Platzes bestätigt werden kann. Derartige Standorte seien daher auch dadurch charakterisiert, dass hier ein *Umbau* des bestehenden Platzes realisiert wurde (Zürich, Berlin). Auf der anderen Seite fänden sich aber auch Standorte, an denen durch die Programmunterstützung eher ein *Neubau* (Hamburg, Wien) vollzogen wurde, wodurch dem Platz seine jetzige Bedeutung erst zugewiesen wurde. Der Platz ist demnach erst durch die Aktivitäten im Rahmen des Programmes SPIELRAUM zum Teil jugendlicher Spiel- und Handlungsräume und der professionellen Handlungs- und Vernetzungsräume geworden. Die SPIELRAUM-Initiativen konnten hier also Bedeutung generieren, womit sich die These der Notwendigkeit eines vorgängigen Fokus auf den Platz so nicht in allen Fällen halten lässt. Vielmehr zeigt sich, dass eine aktive pädagogische Ermöglichung von Aneignung bzw. eine pädagogische Ausgestaltung von Aneignungsmöglichkeiten Bedeutung auch erst generieren kann.

3 Vernetzung zwischen den erwachsenen AkteurInnen

Das gewählte methodische Vorgehen hat sich hinsichtlich des Aspektes der Vernetzung als relativ ergiebig erwiesen. Als Vernetzung wird in der Bildungsräume-Heuristik eine gelungene Kooperationsbeziehung zwischen erwachsenen AkteurInnen beschrieben. Ihr Gelingen misst sich dabei an der Förderung und Ermöglichung jugendlicher Handlungsfähigkeit durch den institutionellen Kontext (*professionelle Vernetzungsräume*).

Aus den unterschiedlichen Interviewgesprächen konnten im Rahmen der Fallstudie die folgenden vier Thesen entwickelt werden.

| These 1 | **Das Programm SPIELRAUM richtet sich in erster Linie an bereits vernetzte Akteure.** |

Das Instrument der Matchingfinanzierung, das heißt die Programmforderung an die beantragenden Träger, bereits akquirierte Finanzmittel im Antrag aufweisen zu können, hat Kooperationen im Vorfeld des eigentlichen Projekts bzw. des Antrags für das Programm SPIELRAUM notwendig gemacht. Um also überhaupt einen Förderantrag für SPIELRAUM erfolgreich stellen zu können, musste von den Trägern schon im Vorfeld für das Projekt geworben werden und Kooperationspartner, wie kommunale Administrationen, mussten überzeugt werden, Geld in die geplante Platzgestaltung einzubringen.

Illustration der These entlang der Fallstudie

Im Rahmen der Fallstudie zeigt sich, das die professionellen Akteure in Berlin vor allem über die regionale Arbeitsgemeinschaft (Kiezrunde) bereits vor Antragsstellung vernetzt waren. Dazuhin kam die Initiative zur Antragsstellung nicht nur von Gangway e. V., sondern auch aus der Kommunaladministration selbst – also von dem erforderlichen Kooperationspartner für die Matchingmittel. Beide Akteure hatten somit von Beginn an Interesse an einer Antragsstellung, was die eigentliche Arbeit am Antrag, nach Aussage der Beteiligten, relativ unkompliziert gestaltete.

Diskussion der These

In der Diskussion mit den anderen StandortvertreterInnen wurde die These, dass SPIELRAUM sich, zumindest implizit, an bereits vernetzte AkteurInnen wendet, insoweit bestätigt, als von allen StandortvertreterInnen bereits im Vorfeld von SPIELRAUM bestehende Vernetzungen als sehr wertvoll und hilfreich eingeschätzt wurden. Eine Vernetzung im Vorfeld habe darüber hinaus den Vorteil, dass von den unterschiedlichen Beteiligten bereits differente Perspektiven eingenommen würden und dementsprechend schon im Vorfeld unterschiedliche Aspekte Berücksichtigung finden können bzw. für diese eine Sensibilität vorhanden sei. Insofern kann das Programm SPIELRAUM als eine Anregung gelesen werden, bereits vorhandene Vernetzungsstrukturen weiter zu entwickeln, indem diese auf das zukünftige Projekt der Platz-um oder -neugestaltung als „gemeinsames Drittes" ausgerichtet werden.

Außerdem wurde von den StandortvertreterInnen diskutiert, ob SPIELRAUM nicht auch den Kontakt zu (potenziellen) Matchingpartnern eröffnet hat. Da die in Aussicht gestellte finanzielle Förderung eine Investition versprach, die an den Standorten ansonsten vermutlich nicht hätte getätigt werden können, motivierte dies u.U. vor allem die kommunale Administration in die Kooperation einzusteigen, um diese Chance der Finanzierung ausschöpfen zu können.

Einige StandortvertreterInnen berichteten, dass es gerade diese Chance war, die während der Verhandlungen mit den lokalen Matchingpartnern eine gewichtige Rolle gespielt und die die Partner schließlich überzeugt habe, als Matching- und damit als Kooperationspartner der (sozial)pädagogischen Träger aufzutreten. Ohne die Aussicht auf eine Finanzierung aus dem Programm heraus wären Verhandlungen über eine Umgestaltung der Plätze vermutlich an einigen Standorten gescheitert, so die Einschätzung der StandortvertreterInnen.

Inwieweit die damit ermöglichte Zusammenarbeit zur Antragsstellung allerdings auch zu einer nachhaltigen lokalen Kooperationsstruktur führen konnte, wurde von den StandortvertreterInnen sehr kontrovers diskutiert. Im Kontext von SPIELRAUM bestätigten die StandortvertreterInnen zwar eine, zumindest kurzzeitige Veränderung des lokalen Entscheidungsgefüges zu ihren Gunsten. Jedoch wurde von vielen StandortvertreterInnen dessen tatsächliche Veränderung eher verneint. Jenseits des SPIELRAUM-Projekts sehen sich die Träger wieder vor der Herausforderung, ihre Interessen je nach Anlass in Verhandlungen neu durchzusetzen.

Allerdings wiesen andere StandortvertreterInnen darauf hin, dass sich durch das Projekt im Programm SPIELRAUM die Glaubwürdigkeit und das Prestige des Trägers nach ihrer Einschätzung innerhalb der lokalen Konstellation durchaus positiv verändert habe, und somit auch Einfluss genommen habe auf ihre jetzige und zukünftige Verhandlungsposition. Durch SPIELRAUM habe der Träger Gelegenheit gehabt, seinen Bekanntheitsgrad innerhalb der lokalen Konstellation zu steigern und mit positiven Aktionen aufzufallen. Die erfolgreiche Projektdurchführung habe zudem die Professionalität und Zuverlässigkeit des Trägers unter Beweis gestellt, was ebenfalls zur Stärkung der eigenen Position beigetragen habe.

Somit lässt sich auch die These, SPIELRAUM wende sich immanent an bereits vernetzte AkteurInnen, nicht auf alle Standorte verallgemeinern. SPIELRAUM kann aber durchaus eine Stärkung für die Träger in ihrer lokalen Konstellation bedeuten.

These 2	**Die Art und Intensität der Zusammenarbeit muss flexibel gestaltbar sein.**

Art und Intensität der Kooperation zwischen dem Träger, seinen Matchingpartnern und evtl. anderen Kooperationspartnern verändern sich in den verschiedenen Projektphasen. Für die konkrete Ausgestaltung der Kooperation benötigen die AkteurInnen daher vor Ort einen großen Spielraum.

Illustration der These entlang der Fallstudie

Am Standort der Fallstudie war während der Antragsphase eine enge Kooperation zwischen Gangway e. V. und dem Bezirksamt notwendig, um Rahmenbedingungen zu klären und den Projekt-Antrag gemeinsam erarbeiten zu können. Während der Durchführungsphase von SPIELRAUM war aber nach Aussage der GesprächspartnerInnen eher eine Koordinationsstelle erforderlich, um als Kontakt zu fungieren, die Projektkommunikation zu koordinieren und Aufgaben an die Betreffenden zu delegieren (Steuerung & Koordination). In dieser Phase bestand die Kooperation zwischen den Beteiligten daher vor allem in einer klaren Verteilung der Zuständigkeiten und einem kontinuierlichen Informationsfluss und weniger in der Form gemeinsamer Arbeitsstrukturen. Seit dem Umbau des Platzes besteht die formelle Kooperation zwar weiterhin. Von zentraler Bedeutung für die Arbeit sei aber das mehr oder weniger flexible Netzwerk der lokalen Kooperation, die Kiezrunde, aus der eher halb-formelle oder informelle Absprachen entstünden. Diese direkte projektbezogene und unkomplizierte Kooperation sei von größter Bedeutung für die alltägliche Realisierung der Aktivitäten am und in Bezug auf den Platz.

Diskussion der These

Je nach lokaler Konstellation kann es zu unterschiedlichen Phasen der Kooperationsdichte kommen. Die Herausforderung für ein Förderprogramm, wie SPIELRAUM, besteht darin, nicht durch Standardisierung und Reglementierung diese lokalen Konstellationen einzuschränken, deren Wichtigkeit auch die StandortvertreterInnen betonen. Dadurch dass SPIELRAUM auf die eigentliche Ausgestaltung der Kooperationen vor Ort kaum Einfluss genommen hat, hatten die AkteurInnen viel Handlungsfreiheit ihre Kooperationen an die jeweilige Projektphase anzupassen.

Die Aufgabe des Förderprogramms würde demnach auch darin bestehen, zusammen mit den lokalen AkteurInnen die jeweilige Spezifik ihres Standortes zu erarbeiten und als reflexives Wissen nutzbar zu machen.

These 3	AkteurInnen, die nicht schon in einen Kooperationszusammenhang eingebunden sind, werden nur schwer zu Kooperationspartnern bzw. fallen aus der „Verantwortungsgemeinschaft" heraus.

Wenn keine vorausgehende Kooperation vorliegt, besteht die Gefahr, dass neue AkteurInnen auch im Verlauf eines Projektes, wie SPIELRAUM, nur sehr schwer zu Kooperationspartnern werden und damit leicht aus einer potenziellen Verantwortungsgemeinschaft herausfallen bzw. nicht in diese aufgenommen werden.

Illustration der These entlang der Fallstudie

Am Standort der Fallstudie in Berlin war über die so genannte Kiezrunde bereits eine lokale Kooperationsstruktur gewachsen. Diese Runde ist 2004 aus der Initiative von Einzelpersonen aus pädagogischen Einrichtungen des Quartiers hervorgegangen und versteht sich als lokales Gremium des fachlichen Austauschs und der Weiterentwicklung bestehender Angebote. Zusätzlich spielte die Tatsache eine Rolle, dass hier mehrere Träger der öffentlichen Jugendhilfe zusammenkommen, die als anerkannte Träger von Maßnahmen und Angeboten der freien Jugendhilfe nach bundesdeutschem Recht aufgefordert sind, Arbeitsgemeinschaften nach § 78 SGB VIII, Achtes Buch zu bilden. Die bereits mehrjährige Kooperationsgeschichte der Kiezrunde bindet aber eben nicht nur JugendhilfeakteurInnen, sondern auch andere AkteurInnen, wie die Polizei oder eine lokal verankerte Wohnbaugenossenschaft in die Kooperation ein. Dazuhin ist die Kiezrunde Bestandteil umfassenderer Kooperationsstrukturen, da VertreterInnen aus der Runde an den Sitzungen der regionalen Arbeitsgemeinschaft teilnehmen.

Die Mitglieder der Kiezrunde kennen sich nicht nur seit mehreren Jahren, da die Runde in der personellen Zusammensetzung nach Aussage der GesprächspartnerInnen weitgehend stabil ist, sondern beschreiben die Zusammenarbeit im Gespräch auch als gut funktionierend.

Allerdings sind nicht alle denkbaren Kooperationspartner in der Kiezrunde zusammengefasst: Ein im Kiez ansässiger Fußballverein, der ebenfalls Angebote für Kinder und Jugendliche verantwortet und dessen Gelände teilweise von Gangway e.V. und einigen Jugendlichen des Quartiers regelmäßig benutzt wird, ist nicht Mitglied dieser Runde, obwohl eine stärkere Eingebundenheit in Netzwerke und Aktivitäten des Quartiers von Seiten des Vereins im Gespräch als wünschenswert bezeichnet wird.

Diskussion der These

Auch diese These, dass eine fehlende vorausgehende Kooperation, es neuen AkteurInnen sehr schwer macht, im Verlauf eines Projektes wie SPIELRAUM zu KooperationspartnerInnen zu werden, wird von den StandortvertreterInnen unterschiedlich bewertet.

Von einigen VertreterInnen der Standorte, an denen keine neuen AkteurInnen in die Kooperationsstrukturen hinzugekommen sind und die AkteurInnen vor Ort wesentlich mit ihren Kernaufgaben beschäftigt sind, wird die These bestätigt. Gleichzeitig argumentieren StandortvertreterInnen aller Standorte, dass neue KooperationspartnerInnen auch nach einem solchen Um- bzw. Neubau eingebunden werden könnten und somit ein Ausbau der Kooperationsstrukturen durchaus möglich sei. Entscheidend dabei sei allerdings, was der/die neue AkteurIn in die Kooperation einbringen könne: Vor allem in dem Fall, dass dieser neue Kompetenzen mitbringe, könne sich ohne Probleme eine Kooperation mit ihm entwickeln.

Die These, dass eine fehlende vorausgehende Kooperation, es neuen AkteurInnen sehr schwer macht, zu Kooperationspartnern zu werden, hat demnach keine generelle Gültigkeit. Deutlich wird jedoch zum einen, dass sich die These des Vorteils bestehender Kooperationsstrukturen nochmals bestätigt, und die StandortvertreterInnen neuen AkteurInnen deutlich utilitaristisch entgegen treten: Sie werden daraufhin überprüft, welche Kompetenzen sie einbringen können. Etwas verallgemeinert kann daher insgesamt davon gesprochen werden, dass lokales Wissen – auf Seiten von bereits kooperierenden AkteurInnen, wie auf Seiten potenziell neuer KooperationspartnerInnen – eine entscheidende Größe darstellt. Dieses lokale Wissen sollte daher im Prozess einer Entwicklung und Ausformulierung lokaler Programmziele und -schritte berücksichtigt werden.

These 4	Die Beteiligung an SPIELRAUM erfordert einen merklichen Arbeitsaufwand auf Seiten der Träger.

In den Gesprächen im Rahmen der Fallstudie wurde mehrfach darauf hingewiesen, dass SPIELRAUM einen zusätzlichen Arbeitsaufwand für den Träger und die Kooperationspartner bedeutet, der hinsichtlich von Qualität und Umfang zu Kapazitätsschwierigkeiten an anderen Stellen führt: Alltagsaufgaben hätten umverteilt werden müssen, um die KollegInnen, die sich auf SPIELRAUM konzentrierten, zeitweise zu entlasten. Dies wurde sowohl von den TrägervertreterInnen als auch den VertreterInnen des Matchingpartners betont.

Diskussion der These

Diese Zusatzbelastung wurde auch von den anderen StandortvertreterInnen bestätigt: Vor allem die teilweise neuen Inhalte in Bezug auf die baurechtlichen und architektonischen Aspekte erforderten eine andere, nicht primär pädagogische Perspektive, die sich die zuständigen MitarbeiterInnen erst aneignen mussten. Als ein Beispiel nannten die StandortvertreterInnen die nach ihren Aussagen nur mit hohem Zeitaufwand mögliche Bearbeitung der Projektvereinbarungen, die mit Nike zu Beginn des Projekts getroffen werden mussten, und die nach amerikanischem Recht ausgestaltet waren.

In diesem Zusammenhang plädierten die StandortvertreterInnen bei zukünftigen SPIELRAUM- oder analogen Nachfolgeprojekten für ein begleitendes Beratungsangebot durch die DKJS, in dessen Rahmen administrative, organisatorische und strukturelle Fragen schneller geklärt werden könnten.

Sie wiesen generell darauf hin, dass derartige Projekte so ausgestaltet werden müssten, dass sie neben der alltäglichen pädagogischen Arbeit für die verantwortlichen Träger zu leisten sind. Denn das SPIELRAUM-Programm könne für die Standortakteure lediglich ein Teil der dortigen fachlich-professionellen Arbeit sein, neben dem weiterhin umfassende andere Aufgaben zu erfüllen seien. Dieses Verhältnis zwischen den kontinuierlichen Arbeiten und den temporären Zusatzanforderungen aus dem Programm SPIELRAUM sei zeitweise aus dem Gleichgewicht geraten, so dass der Alltag neben SPIELRAUM zum Teil auf der Strecke geblieben sei.

Bereits bei der Finanzierung solcher Projekte sei daher mit zu bedenken, so der Vorschlag der StandortvertreterInnen, diese Anforderungen in der Weise mit zu kalkulieren, als beispielsweise ein Teil der Fördergelder zur Personalfinanzierung zu reservieren sei oder/und personelle Eigenleistungen als Teil der Matchingmittel angerechnet werden.

Die These, dass mit dem Programm SPIELRAUM ein merklicher zusätzlicher Arbeitsaufwand auf Seiten der Träger entsteht, der in der Projektförderung nicht bedacht ist, bestätigt sich daher. Von Seiten der StandortvertreterInnen wird als Konsequenz eine dichtere Beratungsinfrastruktur durch die Förderinstitution bereits bei der Antragsstellung und eine Berücksichtigung der Personalkosten auf Seiten der Träger wie der Matchingpartner vorgeschlagen.

Obwohl auf Basis des vorliegenden Datenmateriales über den Zusammenhang zwischen institutioneller Rückbindung und der Förderung und Ermöglichung von jugendlicher Handlungsfähigkeit keine empirisch abgesicherte Aussage getroffen werden kann, ist aufgrund des generellen Forschungsstandes davon auszugehen, dass dieser Zusammenhang von hoher Relevanz ist (vgl. Karstedt 2004[3]).

In Bezug auf den Vernetzungsaspekt kann zusammenfassend festgehalten werden, dass Ausgangsbedingungen, wie bereits bestehende Kooperationsstrukturen durchaus einflussmächtig sind. Zugleich scheint aber die jeweilige lokale Situation in einer Weise spezifisch, dass zumindest auf Basis des vorliegenden Datenmaterials keine allgemeingültigen Orientierungspunkte abzuleiten sind.

---

3   Karstedt, Susanne (2004): Linking capital. Institutionelle Dimension sozialen Kapitals. In: Kessl, Fabian/Otto, Hans-Uwe (Hrsg.): Soziale Arbeit und Soziales Kapital. Zur Kritik lokaler Gemeinschaftlichkeit. VS Verlag: Wiesbaden, S. 45-62.

Zur Gewährleistung eines institutionellen Gefüges, das möglichst zum Gelingen einer Erweiterung der Handlungsfähigkeit von Kindern und Jugendlichen beiträgt, stellt daher die Berücksichtigung der lokalen Situation eine Grundvoraussetzung dar. Dieser Sachverhalt ist sowohl bei Auswahl als auch bei Ausgestaltung von Projekten, wie im Fall des Programms SPIELRAUM, zu berücksichtigen.

4 Verantwortungsgemeinschaften

Im Rahmen des Abschlussworkshops wurde das Konzept der Verantwortungsgemeinschaft vor dem Hintergrund des Programms SPIELRAUM mit den anwesenden StandortvertreterInnen diskutiert. Um dieses zu konkretisieren, wurden generelle Gelingensbedingungen im Kontext eines territorial ansetzenden Förderprogramms, wie SPIELRAUM, erarbeitet. Ergebnis waren die abschließend formulierten zehn Gelingensbedingungen.

Ein Ziel des Förderprogramms SPIELRAUM bestand in der Etablierung von lokalen Verantwortungsgemeinschaften an den jeweiligen Standorten. So heißt es z.B. in der Programmbeschreibung „SPIELRAUM hilft, Zuständigkeitsgrenzen zu überwinden und Verantwortungsgemeinschaften zu bilden". Und im Antragsformular werden Initiativen gesucht, die „Verantwortung für öffentliche Plätze übernehmen und sie zu lebenswerten Orten mit neuen sozialräumlichen Nutzungskonzepten für Sport und Bildung verwandeln."

Die Etablierung von Verantwortungsgemeinschaften ist als (Teil-)Ziel des Programms auf der Ebene der professionellen AkteurInnen anzusiedeln, die durch SPIELRAUM ihre Handlungsoptionen erweitern sollen. Was jedoch genau unter Verantwortungsgemeinschaften verstanden wird bzw. wie diese etabliert werden sollen, wird nicht genauer ausgeführt.

Auch in der wissenschaftlichen Diskussion wird der Begriff Verantwortungsgemeinschaften als solcher nicht behandelt. Jedoch lassen sich über verschiedene Interpretationen des Begriffs Anschlüsse an wissenschaftliche Fachdiskussionen herstellen.

A. Professionelle Patenschaft oder „wir übernehmen die Patenschaft":
Liest man den Begriff als professionelle Patenschaft, bei der die lokalen
Träger Paten für einen Platz darstellen, so lassen sich Bezüge zu Diskussionen um Bildungslandschaften, lokale Vernetzung oder auch gebietsbezo-
gene Kooperationen herstellen.

**B. Zusammenarbeit von Nachbarschaft und Institutionen oder „wir
sorgen für einen Stadtteil mit all seinen BewohnerInnen und der Infrastruktur":** Ist mit dem Begriff die Zusammenarbeit lokaler AkteurInnen angesprochen, bei der professionelle und nicht-professionelle Akteure
gemeinsam die Verantwortung für einen Platz übernehmen, können Anschlüsse an Diskussionen um Anerkennung oder auch bürgerschaftliches
Engagement hergestellt werden.

C. Jugendliche oder „wir passen auf den Platz auf": Schließlich könnte
der Begriff noch auf die Ebene der Jugendlichen verweisen, indem diese zur
Verantwortung für ein Projekt/für einen Platz angeregt werden sollen. Diese
Lesart verweist auf fachliche Diskussionen um Aneignung.

Diese ersten theorie-systematischen Interpretationen des Begriffs Verantwortungsgemeinschaften konnten im Zuge des Abschlussworkshops aufgrund des engen Zeitplans nicht vertieft diskutiert werden (siehe zur Diskussion des Begriffs der Verantwortungsgemeinschaften den Beitrag von
Fritsche/Schöne i.d.B.). Stattdessen fand eine erste assoziative Annäherung
an den Begriff mit allen StandortvertreterInnen statt, bei der in Bezug auf
das Konzept der Verantwortungsgemeinschaften vor allem die Dimensionen der *Kontinuität* des jeweiligen (lokalen) Projektes, dessen *Dauerhaftigkeit* und schließlich dessen *Nachhaltigkeit* betont wurden.

**Gelingensbedingungen für die institutionelle Rückbindung der Platznut-
zung durch Kinder und Jugendliche :**
1. *Die Nutzung des Ortes sollte möglichst einfach sein.* Ein erster Vorschlag für
   eine solche Ausrichtung, der nicht zwangsläufig an die Präsenz des Trägers
   auf dem Platz gebunden ist, wäre z.B. die niederschwellige Bereitstellung
   von Spiel- und Sportgeräten. An eine solche Vereinfachung der Nutzung ist
   auch die Hoffnung geknüpft, den Platz für neue Gruppen und Interessen of-
   fenzuhalten.

2. *Die Selbstorganisation bzw. Aneignung durch die Kinder und Jugendlichen sollte weiter ermöglicht werden.* Die durch ein solches Förderprogramm angestoßenen Beteiligungs- und Mitgestaltungsprozesse sollten weiter verfolgt werden. Vor allem die Beteiligung der Kinder und Jugendlichen und der damit verbundene pädagogische Anspruch der Hinführung zur Verantwortlichkeit erfordert eine weitere Ausrichtung am Ziel der Selbstorganisation und der Befähigung.

3. *Der Platz muss für die Kinder und Jugendlichen Bedeutung haben bzw. Bedeutung erlangen.* Hat der Ort keine relevante Bedeutung, können Kinder und Jugendliche nicht über die angestrebte Verantwortungsgemeinschaft erreicht werden. Jedoch muss Bedeutung nicht zwangsläufig schon vor einem Förderprogramm vorhanden sein, sondern kann mitunter auch durch ein solches Programm generiert werden.

Gelingensbedingungen der Vernetzung:

1. Die *Rahmenbedingungen des Programms müssen sehr früh bekannt und geklärt sein.* Um Klarheit über die Anforderungen des Programms an die Träger und evtl. andere AkteurInnen zu erhalten, ist eine möglichst frühzeitige Kommunikation der strukturellen Rahmenbedingungen des Programms und deren transparente Darstellung notwendig. Gerade mit Blick auf den Aspekt der Nachhaltigkeit von Verantwortungsgemeinschaften sei dies unerlässlich, da beispielsweise Budgets kommunal-administrativer Stellen eine lange Vorlaufzeit hätten. Soll eine Verankerung in und Unterstützung durch diese Stellen erfolgen, seien daher möglichst frühzeitige Gespräche notwendig, in denen die Erfordernisse des Förderprogramms bekannt sein müssten. In solchen Gesprächen könne dann auch geklärt werden, ob für die Zeit der Programmdurchführung eine geeignete Form der Arbeitsentlastung bzw. -unterstützung gefunden werden kann.

2. *Der notwendige zusätzliche Arbeitsaufwand für die Träger sei auf ein realistisches Maß zu begrenzen.* Von Seiten der lokalen Träger wurde immer wieder darauf hingewiesen, dass die Arbeit an einem solchen Projekt bzw. die Arbeit an Verantwortungsgemeinschaften generell, als Zusatzarbeit mit relativ hohem Zeitaufwand neben den alltäglichen Aufgaben anfällt. Das konkrete Ausmaß dieser Zusatzarbeit sei allerdings von lokalen Konstellationen abhängig – z.B. davon, ob bereits Kooperationsstrukturen bestehen. Dementsprechend weisen die StandortvertreterInnen darauf hin, dass ein solches Projekt mit begrenzter Dauer zwar möglich sei, aber potenziell dem Gedanken der Nachhaltigkeit entgegenstehen könne. Eine dauerhafte sport- und bewegungspädagogische Betreuung der PlatznutzerInnen, die damit verbundene Erweiterung bzw. Intensivierung der fachlichen Netzwerke und die Re-

alisierung einer partizipativen Beteiligung der Jugendlichen seien als Zusatzarbeit neben dem regulären Auftrag der Träger nicht leistbar.

3. *Der durch das Programm entstehende Nutzen bzw. Vorteil für die beteiligten AkteurInnen muss von Beginn an klar ersichtlich sein.* Die verantwortlichen Träger können in unterschiedlicher Weise von Projekten, wie dem SPIELRAUM-Projekt, profitieren: z. B. in Form eines Prestigegewinns, einer Erschließung von Finanzierungsmöglichkeiten für damit ermöglichte innovative Projekte oder einer fachlichen Profilierung des Trägers in den lokalen Konstellationen. Bleibe aber solch ein konkreter Nutzen für den Träger unklar – beispielsweise dadurch, dass der Aufbau einer Verantwortungsgemeinschaft eher Selbstzweck aufgrund einer entsprechenden Programmforderung bleibt, schade dies einer nachhaltigen Programmdurchführung und damit auch der Etablierung einer wirkungsvollen und dauerhaften Verantwortungsgemeinschaft .

4. *Die Anerkennung durch kommunal-administrative Stellen sollte gegeben sein.* Für die konkreten lokalen Projekte sei eine Anerkennung durch die kommunal-administrativen Stellen unerlässlich, denn nur dadurch sei deren Einbindung in die kommunale Steuerungspolitik in einer Weise gewährleistet, dass diese eine dauerhafte und nachhaltige Sicherung des jeweiligen Projekts stütze. Daher sollten die kommunal-administrativen Stellen Teil der jeweiligen Verantwortungsgemeinschaft sein.

5. *Die Arbeit an Verantwortungsgemeinschaften braucht Zeit und Engagement.* Für eine dauerhafte Etablierung des jeweiligen lokalen Projekts ist daher ein Grad der Institutionalisierung der Verantwortungsgemeinschaften notwendig. Denn nur wenn diese kontinuierlich, nachvollziehbar und zuverlässig arbeiten kann, können beispielsweise weitere notwendige Kooperationen mit kommunaladministrativen Stellen aufgebaut werden (z. B. Gartenbauamt bzw. Grünflächenamt)

6. *Um die Nachhaltigkeit des jeweiligen lokalen Projekts zu gewährleisten, muss auch hierbei ein Grad der Institutionalisierung erreicht werden.* Über Förderprogramme wie SPIELRAUM werden Projekte initiiert und damit Entwicklungsprozesse angestoßen und unterstützt, die auch nach der eigentlichen Förderphase weiterlaufen sollen. Dazu sind nicht nur Zeitressourcen auf Seiten der Träger erforderlich, um deren kontinuierliches fachliches Engagement zu ermöglichen, sondern auch weitere institutionelle Garantien, wie die verbindliche Pflege, Sicherung oder Kontrolle des Platzes durch die kommunal-administrativen Dienstleister.

Die Etablierung neuer Projekte führt dazuhin zu Anforderungen und Folgeanforderungen, auf die zu reagieren ist. So muss u.U. zwischen den Interessen verschiedener Nutzergruppen vermittelt werden oder auf neue

Nutzungsanforderungen reagiert werden. All dies bindet Ressourcen, die (langfristig) einzuplanen sind. Dies verweist nochmals auf die Notwendigkeit einer mittel- bis langfristigen und frühzeitigen (finanziellen) Planung, um solche Ressourcen auch nach der Förderphase weiterhin zur Verfügung zu haben.

7. *Die Dauerhaftigkeit des Angebots am Platz und die Offenheit für neue Gruppen sind zu gewährleisten.* Das Ziel der Dauerhaftigkeit und der Offenheit für neue Gruppen macht einen gewissen Spagat vonnöten: Auf der einen Seite ist eine Zurückhaltung des Trägers vor Ort im Sinne der Selbstverantwortlichkeit sinnvoll, auf der anderen Seite wird auf die Notwendigkeit der Gewährleistung dauerhafter (sozial-)pädagogischer Angebotsstrukturen verwiesen, über die die Offenheit für neue Gruppen gewährleistet werden könne.

Caroline Fritsche | Mandy Schöne

„Verantwortungsgemeinschaften" – Zur Konjunktur einer politisch-programmatischen Leitidee

Für ein gelingendes Aufwachsen von Kindern und Jugendlichen wird aktuell auf verschiedenen Ebenen die enge Verzahnung privater, öffentlicher und zivilgesellschaftlicher Akteure auf kommunaler Ebene, insbesondere aus dem Schul-, Sozial-, Kinder-/Jugend- und Gesundheitsbereich, zu einer gemeinsamen „Verantwortungsgemeinschaft"[1] stark gefordert und umgesetzt (vgl. u.a. Deutscher Verein 2007; 2009). So wird bspw. das Programm SPIELRAUM folgendermassen beschrieben:

> „Mit dem Programm unterstützen die Partner [Deutsche Kinder- und Jugendstiftung und Nike, C.F./M.S] Jugendliche dabei in Berlin, Hamburg, Frankfurt, Wien und Zürich, gemeinsam mit Trägern der Jugendsozialarbeit und anderen lokalen Akteuren Verantwortung für ungenutzte, öffentliche Plätze in sozial benachteiligten Stadtteilen zu übernehmen und sie zu lebenswerteren Orten umzugestalten" (http://www.spielraum-online.net/index.php?id=5).

Ein Ziel von SPIELRAUM bestand in diesem Zusammenhang darin, „Zuständigkeitsgrenzen zu überwinden und Verantwortungsgemeinschaften zu bilden" (http://www.dkjs.de/programme/verantwortung-wagen/spielraum.html).

Als Konsequenz, so wird auf politisch-programmatischer Ebene argumentiert, sind alle Akteure in einer „kommunalen Verantwortungsgemeinschaft" nun gemeinsam für die politische Steuerung und Gestaltung der unterschiedlichen „Orte des Aufwachsens" (Rauschenbach 2009: 10) zuständig. Ungeklärt bleibt allerdings bisher, was eigentlich hinter diesem Ruf bzw. dem Begriff der „Verantwortungsgemeinschaft" steht. Mit Blick auf das Förderprogramm SPIEL-RAUM möchte der folgende Beitrag einen kurzen Einblick zu aktuellen Dis-

---

1 Dabei wird der Begriff „Verantwortungsgemeinschaft" im Rahmen des Beitrags als ein analytischer für eine Vielzahl von politisch-programmatischen Konzeptionen verwendet, wie sie derzeit auch u.a. in den Begriffen des „lokalen Bündnisses", des „kommunalen Verbundsystems" und „kommunale Netzwerke" in den verschiedenen Bereichen der Kinder- und Jugendhilfe (u.a. Kooperation Jugendhilfe-Schule; Kooperation Kitas mit Beratungsstellen, Ärzten, Familienbildungsstätten und Kooperation im Bereich Kindesschutz und Frühförderung) zum Ausdruck kommen.

kussionszusammenhängen von „Verantwortungsgemeinschaften" geben und versucht diese, mit Bezug auf die Rede vom „Prinzip Verantwortung", gesellschaftstheoretisch näher zu beleuchten.

1 Zum „neuen" Diskurs der Verantwortung im Post-Wohlfahrtsstaat

So breit und facettenreich sich der Verantwortungsbegriff allgemein etabliert hat und diskutiert wird (vgl. Kaufmann 1992; Heidbrink/Hirsch 2006), so bedeutsam ist es auch, spezifischer hinzuschauen, wie der Verantwortungsbegriff sich dort entwickelt hat, wo es derzeit um die Etablierung von „Verantwortungsgemeinschaften" für das gelingende Aufwachsen von Kindern und Jugendlichen geht. Hier sind es vor allem die Diskussion(en) um den Wohlfahrtsstaat und Analysen zu seiner derzeitigen grundlegenden Transformation, die verstehen lassen, wovon mit dem Prinzip der „Verantwortungsgemeinschaft" genau die Rede ist.

1.1 Die Rede von Verantwortung

Auch wenn eine Geschichte des Verantwortungsbegriffs nach wie vor noch aussteht (vgl. Heidbrink 2003) und auch wenn in den verschiedenen disziplinären Kontexten unterschiedliche Aspekte von Verantwortung hervorgehoben werden (vgl. Kaufmann 1992), so lassen sich aus der Rede von der Verantwortung grundlegende strukturelle Merkmale herauslesen, die im Folgenden kurz umrissen werden sollen.

Von seiner Wortbedeutung her verweist der Begriff „Ver-antwortung" auf eine sprachliche Interaktion: „Ant-wort geben, Rechenschaft ablegen" (Vogt 2003: 91; vgl. Maaser 2010) und zählt in dieser Redensart zu einer „Schlüsselkategorie unseres gegenwärtigen Selbstverständnisses" (Kaufmann 1992: 11). Allen unterschiedlichen Reden von Verantwortung ist gemeinsam, dass „sie sich in irgendeiner Weise auf den *Menschen als Träger von Verantwortung* beziehen, und zwar auf den Menschen nicht im Sinne eines natürlichen, sondern eines *moralischen*, d.h. an Normen und Werte gebundenen Wesens" (ebd.: 40; Hervorhebung i.O.). In diesem Sinne gewinnt für den Verantwortungsbegriff das Prinzip der Zurechnungsfähigkeit eine zentrale Bedeutung, indem er hervorhebt, dass einem Menschen bestimmte Folgen seines Tuns zugerechnet werden können (vgl. Maaser 2010). Somit wird also zunächst in der Rede von Verantwortung ein zurechnungsfähiger Verantwortungsträger ins Zentrum gerückt, bevor in einem zweiten Schritt konkreter danach gefragt wird, unter welchen Bedingungen der Mensch als verantwortlich definiert wird: *„Verantwortung entsteht entweder als Ergebnis einer Selbstverpflichtung oder von einer sozialen Zuschreibung"* (Kaufmann 1992: 41; Hervorhebung i.O.). Damit wird „Verantwortung" als ethische Grundkategorie formuliert, die erst im Zuge der Industrialisierung aufkam und insbesondere in philosophischen und juristischen Diskussionen ihren Niederschlag fand (ebd.). Seitdem bzw. in der Dialektik beider Diskussionen hat sich ein Verantwortungsbegriff insbesondere seit den 1980ern herausgebildet, unter dem auch seine derzeitige begriffliche Konjunktur an Kontur gewinnt: Die Rede von der Verantwortung lässt sich demnach zusammenfassen als eine Rede über Zuständigkeit, bei der (1) bei jemandem, (2) für etwas, (3) gegenüber jemandem und (4) nach Maßgabe bestimmter Kriterien die Verantwortung liegt. Allen diesen vier (Struktur)Dimensionen der Verantwortung – Träger oder Subjekt der Verantwortung; Gegenstand oder Objekt der Verantwortung; Instanz oder Adressat der Verantwortung; Kriterien oder Regeln der Verantwortung – ist gemeinsam, dass sich alle Fragen der Verantwortung in diesem Spannungsfeld abspielen und somit sowohl für die Ethik als auch das Recht gelten (vgl. Vogt 2003; Maaser 2010).

Dieses „klassische" Modell der individuellen Verantwortung bezieht sich vor allem auf den einzelnen Menschen. Dabei lässt sich seit wenigen Jahrzehnten ein neuartiger Diskurs über das sogenannte „Prinzip Verantwortung" (Jonas 1979) erkennen, in dem Verantwortung vor dem Hintergrund unüberschaubarer komplexer Handlungszusammenhänge nur für möglich gehalten wird, wenn neben der individuellen Verantwortung auch die Mitverantwortung ins Zentrum gerückt wird: „Gleichwohl erwarten demokratisch verfasste Gesellschaften eine Mitverantwortung, da sie entsprechende Partizipationswege bieten und substantiell auf die Wahrnehmung dieses Verantwortungssegments durch ihre Bürger angewiesen sind" (Maaser 2010: 130). Die derzeitige Konjunktur des Verantwortungsbegriffs dient demnach dem Zweck, die Gesellschaftsmitglieder zu aktivem und engagierten Verhalten zu bewegen und sie notfalls dafür auch zur Rechenschaft zu ziehen (vgl. Heidbrink 2006). Diese Übertragung von Verantwortlichkeit (accountability) verspricht einen Zuwachs an Autonomie für diejenigen, die Verantwortung (responsibility) übernehmen. Diese „neuartige" Zuschreibung erfolgt dabei jedoch ohne Rücksicht darauf, ob der einzelne sich zu dieser Verantwortung bekennt oder nicht. Es lässt sich demnach vermuten, dass es in der Regel nicht darum geht, ob jemand verantwortlich ist, sondern darum, Menschen zur Verantwortung zu ziehen, wodurch Zuschreibungsprozesse der Verantwortlichung ins Zentrum rücken (vgl. Oelkers 2011).

In diesem Sinne wird in den letzten Jahren „Verantwortung" zu einer neuen Leitkategorie sozialer und politischer Reformprozesse und in diesem Zuge als Heilmittel für soziale Probleme diskutiert. Dieser Diskurs ist erst im Entstehen, lässt sich bisher aber schemenhaft skizzieren als ein „Aktivierungsdiskurs der Verantwortung" (Maaser 2006: 62; vgl. Heidbrink 2006).

1.2 Transformation des Sozialen: Vom fürsorglichen Wohlfahrtsstaat zur aktiven Wohlfahrtsgesellschaft

Laut Oelkers erscheint die Diagnose einer prinzipiellen Funktionsstörung des wohlfahrtsstaatlichen Arrangements im aktuellen (sozial)politischen und gesellschaftlichen Diskurs als „eine unerschütterliche Wahrheit" (Oelkers 2009: 71). Dabei wird unter „Wohlfahrtsstaat" der institutionelle Ausdruck der Übernahme einer legalen und damit formalen und ausdrücklichen Verantwortung einer Gesellschaft für das Wohlergehen ihrer Mitglieder verstanden und der Staat als der wesentliche Wohlfahrtsakteur definiert (vgl. Kaufmann 1997). Im Zuge der Transformation des Sozialen angesichts europäischer und globaler Modernisierungserfordernisse wird verstärkt eine aktivierende Wende wohlfahrtsstaatlicher Politik diskutiert, d. h. an Stelle des fürsorglichen Wohlfahrtsstaats tritt nun das Prinzip des aktivierenden Staates: dieser erbringt die wohlfahrtlichen Leistungen nicht mehr selbst, sondern sorgt stattdessen für die Erbringung öffentlicher Aufgaben, d. h. er übernimmt insofern die Rahmen- und Gewährleistungsverantwortung von sozialen Aufgaben (vgl. Lamping et al. 2002; Lessenich 2009). Anhand dieses Diskurses lässt sich die aktuelle Konjunktur des Verantwortungsbegriffes auch im Sozial- und Bildungsbereich verdeutlichen, denn bei der derzeitigen Forcierung hin zu einem aktivierenden Staat geht es im Kern um die Etablierung eines neuen Modells der Regulierung staatlicher Wohlfahrtsproduktion bzw. eines neuen Arrangements des Sozialen über das Prinzip einer neuen Verantwortungsteilung. Die Kurzformel „ Verantwortungsteilung statt Staatsentlastung" (Lamping et al.: 29; Hervorhebung i. O.) verdeutlicht, dass der aktivierende Staat nun auf eine gemeinsame und geteilte Verantwortung der Wohlfahrtsproduktion von Staat, Gesellschaft und Individuum setzt und somit eine Neujustierung privater und öffentlicher Verantwortlichkeit sowie auch Rollenverteilung zwischen Staat, Wirtschaft, Drittem Sektor und Bürgern vollzieht (vgl. Lessenich 2009; Maaser 2006). Einen wichtigen Referenzpunkt dieser Vorstellung einer geteilten Wohlfahrtsproduktionsverantwortung kommt u.a. von Vertretern des Kommunitarismus[2], die vor allem in den 1980ern und 1990ern die Vorstellung eines neuen Gemeinschaftsdenkens mit dem Ziel der

---

2   Vgl. ausführlicher dazu Reese-Schäfer (2001).

Stärkung von Bürgertugenden und des Gemeinsinns in einer aktiven „Verant-wortungsgesellschaft" (Etzioni 1997) etablierten: „die kommunitaristische So-zial- und Moralphilosophie [denkt, C.F./M.S.] Individualismus und individuel-les Handeln nur und untrennbar in Kategorien von Gemeinschaftlichkeit und Verantwortungsgemeinschaften (...): Wo Ich ist, soll Wir werden" (Lamping et al. 2002: 17). Übertragen auf die aktuelle politisch-programmatischen Leitidee von „Verantwortungsgemeinschaft" zeigt sich: Wo bisher einzelne Akteure von Staat und Gesellschaft nebeneinander und jeder für sich funktionierend gesehen wurden, soll nun ein Wir von Akteuren der Wohlfahrtsproduktion stehen. Wohl-fahrtsgesellschaftliche Verantwortungsteilung aktiviert demnach alle Akteure, seien es Individuen oder Organisationen, gleichsam als Verantwortungsträger der Wohlfahrtsproduktion (vgl. Maaser 2006). Dabei verbindet sich die Wieder-belebung von Gemeinschaft im „Aktivierenden Staat" mit dem Wunsch, mit un-erwünschten Folgen sozialer Differenzierung aufzuräumen, denn in der ständig fortschreitenden Ausdifferenzierung sozialer Teilsysteme wird eines der zentra-len Desintegrationsmomente gesehen (vgl. Wetzel 2008; Opielka 2004). Infol-gedessen „rücken die Stadt und ihre Sozialräume (...) in den Mittelpunkt. (...) Die Stadt erscheint als bedeutsameres Steuerungssubjekt" (Maaser 2006: 76f.) und wird somit im Zuge der Aufwertung dezentraler Steuerung selbst zur Akti-vierungsinstanz der Verantwortungsübernahme.

Mit dem bisher Skizzierten wird deutlich, dass es sich bei der derzeitigen Transformation des Wohlfahrtsstaates nicht primär um die Bewältigung fiskali-scher und steuerungspolitischer Herausforderungen handelt. Vielmehr weist der Diskurs in erster Linie auf veränderte normativ-politische und sozial-ethische Prämissen von Eigen- und Mitverantwortung für die gemeinsam verantwortete Wohlfahrtsproduktion hin. Nach Lessenich zielt dieser „neue Geist einer neoso-zialen Aktivierungs-Programmatik" vorrangig auf das Wohl der „imagined com-munity" (vgl. Anderson 1991), d. h. auf die Wohlfahrt der „gesellschaftlichen Gemeinschaft": Sozial ist, was im Interesse der Allgemeinheit geschieht. So-zial ist hier der Einzelne, solange er Eigenverantwortlichkeit, Selbstsorge und pro-aktives Verhalten zeigt, im Sinne und im Dienste der Gesellschaft. Damit findet laut Lessenich das Recht des Einzelnen nicht eigentlich in diesem Ein-zelnen, sondern in der Wohlfahrt der gesellschaftlichen Gemeinschaft statt (vgl. Lessenich 2009; Maaser 2006). In diesem Sinne wird im „Aktivierenden Staat" die „Aktivgesellschaft" zum Bezugspunkt des Sozialen: „Ein Angebot für jeden meint Chance und Pflicht zugleich, Verantwortung für das Leben wahrzuneh-men und für die Gesellschaft" (Lessenich 2009: 95).

Der Staat selbst übernimmt dabei die Verantwortung der Gewährleistung (vgl. Schuppert 2008), d. h. er steuert zwar, die Aufgabe des Ruderns wird nun aber den individuellen und kollektiven Akteuren einer aktiven Wohlfahrtsgesellschaft übertragen. Übersetzt heisst das, dass der Staat für die Erbringung öffentlicher Ausgaben sorgt, diese jedoch nicht selbst erstellt. In diesem Sinne ist der Gewährleistungsstaat der Staat der aktiven Wohlfahrtsgesellschaft (vgl. Heidbrink/Hirsch 2007; Maaser 2006). Charakteristisch für das Leitbild des Gewährleistungsstaates ist das der Koproduktion, d. h. das Zusammenwirken von öffentlichen Leistungserbringern und aktiven wie selbstverantwortlichen Individuen und Organisationen (vgl. Lamping et al. 2002). Demnach geht es beim Gewährleistungsstaat in der aktiven Wohlfahrtsgesellschaft auch nicht um einen Rückzug des Staates oder um einen Aufgabenabbau im Sinne eines schlanken oder neoliberalen Staates, sondern um die gemeinsam verantwortete Koproduktion des öffentlichen Gutes „Wohlfahrt" und in diesem Zuge um die Koordination der Handlungsbeiträge staatlicher und nichtstaatlicher Akteure[3] (vgl. Schuppert 2008; Heidbrink/Hirsch 2007). Dabei bedient sich der Gewährleistungsstaat des Konzepts der Verantwortungsteilung und Verantwortungsstufung, das der Vielzahl von Wohlfahrtsakteuren und der komplexen Organisation des Gemeinwohls gerecht zu werden versucht. Der Gewährleistungsstaat wird daher auch oft als das regulative Gegenstück zur aktiven Wohlfahrtsgesellschaft bezeichnet, in der die Verantwortungskategorie zum Grundprinzip und Motor sozialer Selbstorganisation geworden ist (vgl. ebd.; Lamping et al. 2002).

Diese kurz skizzierte Transformation hin zu einer aktiven Wohlfahrtsgesellschaft und die darin eingebettete programmatische Leitidee der „Verantwortungsgemeinschaft" befindet sich derzeit erst in ihren Anfängen. Ihre genauen Auswirkungen auf die Wohlfahrtsproduktion lassen sich noch nicht genau abschätzen und bedürfen daher in den kommenden Jahren einer genauen Betrachtung und Analyse.

2 Der Ruf nach gemeinsamer Verantwortungsteilung: Aktivierung von (Ko)Wohlfahrtsproduktion

Wendet man nun wieder den Blick auf das eingangs Skizzierte, wird deutlich, dass auch bzw. insbesondere im Sozial- und Bildungsbereich der Ruf nach einer gemeinsamen Verantwortungsteilung laut wird. Dieser findet Anschluss an Diskussionen zum Prinzip Verantwortung in der „Aktivgesellschaft", in der der Staat nun nicht mehr als der zentrale (Verantwortungs-)Akteur gesehen wird, sondern die Gesellschaft, und damit auch öffentliche, gemeinnützige und pri-

---

3   Als Folge werden vor allem in der Politikwissenschaft neue Kulturen von Governance diskutiert und gefördert, da der Gewährleistungsstaat mit kooperativen Problemlösungen arbeitet (vgl. Benz 2004a; Schuppert 2008; Heidbrink/Hirsch 2007).

vate Organisationen und natürliche Personen selbst (vgl. Günther 2002). So zielen die angestrebten Verantwortungsgemeinschaften im Kontext des Förderprogramms SPIELRAUM nicht nur auf die Überwindung von Zuständigkeiten innerhalb der Kinder- und Jugendhilfe, sondern ebenfalls auf die Überwindung professioneller Abgrenzungen, indem bspw. Akteure der Stadtentwicklung in die Projekte mit einbezogen werden sollen.

Bisher wird in der Sozialen Arbeit, bzw. noch genauer in der Kinder- und Jugendhilfe, eine theoretische Einbettung des Themas „Verantwortungsgemeinschaft" nicht vorgenommen. So wurde bspw. der Begriff „Verantwortungsgemeinschaft" auch im Kontext von SPIELRAUM eher als ein „Arbeitsbegriff" verstanden und weniger als ein theoretisch-inhaltlich definierter Begriff. Bislang liegt der Fokus vielmehr auf der Begleitung des Etablierungs- und Umsetzungsprozesses von „Verantwortungsgemeinschaften" durch zahlreiche Beiträge aus dem Sozial(raum)- und Netzwerkmanagement, die u. a. das kommunale Bildungsmanagement als das zentrale Aufgabenfeld und Steuerung als das zentrale Instrument sehen und vor diesem Hintergrund Bedingungen des Gelingens einer „Verantwortungsgemeinschaft" entwerfen. Auf diesem Wege, so die Argumentation, soll der grossen Diskrepanz zwischen Anspruch und Wirklichkeit bei der Etablierung einer „Verantwortungsgemeinschaft" entgegengewirkt werden[4] (vgl. Tibussek 2009; Schubert 2008; Stolz 2010).

In der Sozialen Arbeit, insbesondere mit Blick auf die Kinder- und Jugendhilfe, wird im Rahmen dieser Diskussionen vor allem eine sozialräumliche Perspektive eingenommen, d. h. „es soll durch sozialraumorientiertes Handeln gelingen, den sozialen Zusammenhalt, d. h. das soziale Kapital in Stadtteilen anzuregen, die als benachteiligt definiert werden" (Reutlinger 2011: 51; vgl. Mack 2009). Insbesondere im Rahmen der Programmplattform E&C[5] wird das „neue" Verständnis von Sozialer Arbeit im Sozialraum deutlich: Soziale Arbeit wird hier „als Akteur einer Gemeinschaftsanstrengung sozialer und wirtschaftlicher Infrastrukturpolitik (…) in einem definierten Sozialraum der Gebietskörperschaft gekennzeichnet" (Brocke 2002: 1).

Und auch im Kontext von SPIELRAUM impliziert die Etablierung von Verantwortungsgemeinschaften eine Öffnung auf Steuerungsebene für lokale zivilgesellschaftliche Akteure (z. B. Sportvereine) im Kontext der konkreten Projekte vor Ort. Die angestrebten Verantwortungsgemeinschaften sollen sich hier jenseits traditioneller professionell-institutioneller Zuständigkeiten konstituie-

---

4   Anschluss an den Diskurs nimmt auch der „neue" Versuch in der Sozialen Arbeit, unter der (Um)Deutung des „Governance-Ansatzes" einen geeigneten theoretischen Bezugsrahmen für die Analyse von Formen „Vernetzter Bildung" zu entwickeln (vgl. Stolz/Schalkhausser/Täubig 2011).

5   „Entwicklung und Chancen junger Menschen in sozialen Brennpunkten" (www.eundc.de).

ren, dafür mehr auf Basis eines lokalen Projektansatzes (gemeinsame Basis sind Plätze im öffentlichen Raum) und unter Einbezug lokaler (zivilgesellschaftlicher) Akteure.

Das Lokale stellt jedoch nicht nur die gemeinsame Basis bzw. Ebene der Verantwortungsgemeinschaft der SPIELRAUM-Projekte dar, sondern ist selbst auch Teil ihres Gegenstandes. Gesucht wurden Initiativen, die „Verantwortung für öffentliche Plätze übernehmen und sie zu lebenswerten Orten mit neuen sozialräumlichen Nutzungskonzepten für Sport und Bildung verwandeln" (SPIEL-RAUM-Antragsformular, S. 1). Die Verantwortungsgemeinschaft der Akteure aus Jugendhilfe, Sport und Stadtentwicklung erhält hier somit die pädagogische Verantwortung, Bildungsorte im öffentlichen Raum zu etablieren und deren Aneignung durch Kinder und Jugendliche zu ermöglichen.[6] Somit wird der Sozialraum – im hier verwendeten Sinne einer territorialen Bestimmung – verstärkt zum Ziel sozialpolitischer Interventionsstrategien erklärt und Soziale Arbeit darin als Akteur der (Ko)Wohlfahrtsproduktion verstanden (vgl. Oelkers 2011). Damit wird ein Paradigmenwechsel in der Sozialen Arbeit eingeleitet, bei dem es nicht mehr darum geht, Wohlfahrtsverantwortung einfach auf den nächsten Akteur verschieben zu können (vgl. Brocke 2005; Reutlinger/Kessl/Maurer 2005).

Damit bleiben allerdings in dieser Diskussion wesentliche (ethische) Bezugspunkte von Verantwortung unberücksichtigt, womit Akteure Gefahr laufen, den Begriff der „Verantwortungsgemeinschaft" als voraussetzungslos hinzunehmen und damit zugleich unreflektiert davon Gebrauch zu machen: „Die öffentliche Verantwortungsrhetorik scheint so selbstverständlich zu funktionieren, dass diese Voraussetzungen nicht weiter expliziert werden müssen" (Günther 2002: 120). Dabei besteht der begründete Verdacht, dass durch den derzeitigen Ruf nach mehr Verantwortungsteilung die eigentlichen Handlungsprobleme und Herausforderungen der Gesellschaft aus dem Blick geraten, denn das „Prinzip Verantwortung" ist hochgradig voraussetzungsvoll, wie in diesem Beitrag kurz dargestellt werden konnte. Es beruht auf zahlreichen Bedingungen, deren Erfüllung zunächst (ethisch) geklärt bzw. gesellschaftlich diskutiert werden müssen, bevor jemand zur Verantwortung ziehen bzw. gezogen werden kann: „Die Frage, unter welchen Voraussetzungen es gerechtfertigt ist, eine Person [und gesellschaftliche Akteure, C.F./M.S.] verantwortlich zu machen, entscheidet jede Zeit und jede Gesellschaft für sich selbst" (ebd.: 128). Bevor diese jedoch nicht geklärt sind, läuft der Ruf nach Verantwortung ins Leere und geht mit widersprüchlichen Konsequenzen einher. So zeigt beispielsweise die „Se-

---

6 Bildung ist demnach mehr als formelle (schulische) Bildung, sie ist ebenfalls auch nicht-formelle und informelle Bildung (vgl. u.a. BMFSFJ 2005; Bundesjugendkuratorium 2001).

mantik erhöhter Handlungsspielräume" (Maaser 2006: 71) auch gegenläufige Trends der Verantwortung: In der aktiven Wohlfahrtsgesellschaft „bestimmt der Staat sehr viel deutlicher die inhaltliche Konkretion und Realisierung der bis dato subsidiären Verantwortungsübernahme. Dabei gehen Dezentralisierung der Verantwortung und gleichzeitige substantielle Vorgaben der Verantwortungsverwirklichung Hand in Hand" (ebd.). Folge ist, dass die stärker eingebundenen Verantwortungsakteure immer weniger als Mitgestalter einbezogen werden als zuvor. Denn wie und in welcher Form gesellschaftliche Akteure und Individuen ihre Verantwortung zu realisieren haben, unterliegt stärker als zuvor staatlicher Lenkung, obwohl der Staat in der Rolle des Gewährleistungsstaates bleibt. Dies führt zu einer eigentümlichen Verbindung zwischen Ermächtigung und Disziplinierung sowohl von Individuen auf der Ebene der Eigenverantwortung als auch von gesellschaftlichen Akteuren auf der Ebene der Mitverantwortung (vgl. ebd.; Günther 2002). In diesem Zusammenhang müsste ebenfalls diskutiert werden, inwiefern Akteure der Sozialen Arbeit im Zuge der Transformation zu einer aktiven Wohlfahrtsgesellschaft selbst zu einer Aktivierungsinstanz werden, ohne diese Rolle bewusst anzustreben oder zu reflektieren (vgl. Oelkers 2011).

Die oben benannten Bezugspunkte zum „Prinzip Verantwortung" in der aktiven Wohlfahrtsgesellschaft haben aufgezeigt, dass derzeit ein Paradigmenwechsel über die Steuerungsebene eingeleitet wird, mit dessen Auswirkungen Akteure seit mehreren Jahren bereits beschäftigt sind. „Verantwortungsgemeinschaft" wird im Sinne der „(Ko)Wohlfahrtsproduktion" geradezu zu einem zentralen Verhandlungsmoment. Dabei wurde aber auch deutlich, dass keinesfalls geklärt ist, was gemeinsame Verantwortungsübernahme und -teilung zum Zwecke einer „(Ko)Wohlfahrtsproduktion" überhaupt bedeutet. So wäre u. a. noch zu klären, ob es in dieser Diskussion eigentlich um die ethische Grundkategorie Verantwortung (responsibility) oder um Verantwortlichkeit (accountability) im juristischen Sinne der Zuständigkeit geht. Damit gehen auch Fragen nach den Konsequenzen für die Rolle der verschiedenen Akteure Sozialer Arbeit einher. Inwiefern wirken sich responsibility bzw. accountability auf deren Selbstverständnis aus? Welche Auswirkungen hat diese veränderte Steuerungslogik auf das Verhältnis zwischen Professionellen der Sozialen Arbeit und ihren Adressaten? Welche Rolle nehmen Kinder, Jugendliche und ihre Eltern selbst in diesem veränderten Verantwortungsgefüge ein? Denn es ist ebenfalls nicht selbstverständlich, welche Akteure im Kreis der gemeinsam-Verantwortung-Tragenden mitgedacht werden. So sind die Adressaten einer Ermächtigung nicht zwangsläufig auch Akteure der „Verantwortungsgemeinschaft", sondern bleiben mitunter „lediglich" Adressaten. Die bspw. an SPIELRAUM beteiligten Kinder und Jugendlichen stellen in diesem Zusammenhang weiterhin Adressaten der aus Akteuren aus Jugendhilfe, Sport und Stadtentwicklung gebildeten Verantwortungsgemeinschaft dar. Zur Diskussion stehen somit Fragen danach, wer unter dem Begriff der „(Ko)Wohlfahrtsproduktion" bzw. „Verantwortungsgemeinschaft" jeweils mitgedacht wird bzw. wer daran in welcher Art beteiligt ist.

Literaturverzeichnis

Anderson, Benedict (1991): Imagined communities. reflections on the origin and spread of nationalism. London: Verso.

Beaufort, Jan/Gumpert, Edmund/Vogt, Markus (Hrsg.) (2003): Fortschritt und Risiko. Zur Dialektik der Verantwortung in (post-)modernen Gesellschaften. Dettelbach: Röll.

Benz, Arthur (2004a): Einleitung: Governance – Modebegriff oder nützliches sozialwissenschaftliches Konzept? In: Benz (2004): 11–28.

Benz, Arthur (Hrsg.) (2004b): Governance – Regieren in komplexen Regelsystemen. Eine Einführung. Wiesbaden: VS Verlag für Sozialwissenschaften.

Bleckmann, Peter/Durdel, Anja (Hrsg.) (2009): Lokale Bildungslandschaften. Perspektiven für Ganztagsschulen und Kommunen. Wiesbaden: VS Verlag für Sozialwissenschaften.

BMFSFJ (2005): Zwölfter Kinder- und Jugendbericht: Bildung, Betreuung und Erziehung vor und neben der Schule. Berlin.

Böllert, Karin (Hrsg.) (2011): Soziale Arbeit als Wohlfahrtsproduktion. Wiesbaden: VS Verlag für Sozialwissenschaften.

Bollweg, Petra/Otto, Hans-Uwe (Hrsg.) (2011): Räume flexibler Bildung. Bildungslandschaft in der Diskussion. Wiesbaden: VS Verlag für Sozialwissenschaften.

Brocke, Hartmut (2002): Soziale Arbeit als Koproduktion. 10 Empfehlungen zur Nachhaltigkeit kommunaler Strategien sozial(räumlich)er Integration. http://www.stiftung-spi.de/download/stiftung /zivilgesellschaft/10_empfehlungen.pdf. 17. Dezember 2010.

Brocke, Hartmut (2005): Soziale Arbeit als Koproduktion. In: Projekt „Netzwerke im Stadtteil" (2005): 235–260.

Bundesjugendkuratorium (2001): Zukunftsfähigkeit sichern! – Für ein neues Verhältnis von Bildung und Jugendhilfe. http://www. bundesjugendkuratorium.de/pdf/1999-2002/bjk_2001_stellungnahme_zukunftsfaehigkeit_ sichern. pdf. 17. Dezember 2010.

Deinet, Ulrich/Icking, Maria (2011): Jugendarbeit als Brücke zu Bildung im öffentlichen Raum. In: Bollweg; Otto (2011): 71–85.

Deutscher Verein für öffentliche und private Fürsorge e. V. (2007): Diskussionspapier des Deutschen Vereins zum Aufbau Kommunaler Bildungslandschaften. http://www. deutscher-verein.de/05empfehlungen/empfehlungen_archiv/empfehlungen2007/pdf/ Diskussionspapier_des_Deutschen_Vereins_zum_Aufbau_Kommunaler_Bildungslandschaften.pdf. 17. Dezember 2010.

Deutscher Verein für öffentliche und private Fürsorge e. V. (2009): Empfehlungen des Deutschen Vereins zur Weiterentwicklung Kommunaler Bildungslandschaften. http://www.deutscher-verein.de/05-empfehlungen/empfehlun-gen_archiv/2009/pdf/ DV%2019-09.pdf. 17. Dezember 2010.

Etzioni, Amitai (1997): Die Verantwortungsgesellschaft. Individualismus und Moral in der heutigen Demokratie. Frankfurt am Main: Campus-Verlag.

Günther, Klaus (2002): Zwischen Ermächtigung und Disziplinierung. Verantwortung im gegenwärtigen Kapitalismus. In: Honneth (2002): 117–140.

Heidbrink, Ludger (2003): Kritik der Verantwortung. Zu den Grenzen verantwortlichen Handelns in komplexen Kontexten. Göttingen: Velbrück.

Heidbrink, Ludger (2006): Verantwortung in der Zivilgesellschaft. Zur Konjunktur eines widersprüchlichen Prinzips. In: Heidbrink; Hirsch (2006): 13–35.

Heidbrink, Ludger/Hirsch, Alfred (Hrsg.) (2006): Verantwortung in der Zivilgesellschaft. Zur Konjunktur eines widersprüchlichen Prinzips. Frankfurt/Main: Campus-Verlag.

Heidbrink, Ludger/Hirsch, Alfred (Hrsg.) (2007): Staat ohne Verantwortung? Zum Wandel der Aufgaben von Staat und Politik. Frankfurt/Main: Campus-Verlag.

Honneth, Axel (Hrsg.) (2002): Befreiung aus der Mündigkeit. Paradoxien des gegenwärtigen Kapitalismus. Frankfurt am Main: Campus-Verlag.

Jonas, Hans (1979): Das Prinzip Verantwortung: Versuch einer Ethik für die technologische Zivilisation. Frankfurt am Main: Insel-Verlag.

Kaufmann, Franz-Xaver (1992): Der Ruf nach Verantwortung. Risiko und Ethik in einer unüberschaubaren Welt. Freiburg/Basel/Wien: Herder.

Kaufmann, Franz-Xaver (1997): Herausforderungen des Sozialstaates. Frankfurt am Main: Suhrkamp.

Lamping, Wolfram/Schridde, Henning/Plaß, Stefan/Blanke, Bernhard (2002): Der Aktivierende Staat. Positionen, Begriffe, Strategien. Studie für den Arbeitskreis Bürgergesellschaft und Aktivierender Staat der Friedrich-Ebert-Stiftung. http://library.fes. de/pdf-files/stabsabteilung/01336-1.pdf. 30. März 2011.

Lessenich, Stephan (2009): Die Neuerfindung des Sozialen. Der Sozialstaat im flexiblen Kapitalismus. Bielefeld: Transcript.

Maaser, Wolfgang (2006): Aktivierung der Verantwortung: Vom Wohlfahrtsstaat zur Wohlfahrtsgesellschaft. In: Heidbrink; Hirsch (2006): 61–64.

Maaser, Wolfgang (2010): Lehrbuch Ethik. Grundlagen, Problemfelder und Perspektiven. Weinheim/München: Juventa-Verlag.

Mack, Wolfgang (2009): Bildung in sozialräumlicher Perspektive. Das Konzept Bildungslandschaften. In: Bleckmann; Durdel (2009): 57–66.

Moebius, Stephan/Reckwitz, Andreas (Hrsg.) (2008): Poststrukturalistische Sozialwissenschaften. Frankfurt/Main: Suhrkamp.

Oelkers, Nina (2009): Aktivierung von Elternverantwortung. Zur Aufgabenwahrnehmung in Jugendämtern nach dem neuen Kindschaftsrecht. Bielefeld: Transcript.

Oelkers, Nina (2011): Familiale Verantwortung für personenbezogene Wohlfahrtsproduktion. In: Böllert (2011): 31–46.

Opielka, Michael (2004): Gemeinschaft in Gesellschaft. Soziologie nach Hegel und Parsons. Wiesbaden: VS Verlag für Sozialwissenschaften.

Projekt „Netzwerke im Stadtteil" (Hrsg.) (2005): Grenzen des Sozialraums. Kritik eines Konzepts – Perspektiven für Soziale Arbeit. Wiesbaden: VS Verlag für Sozialwissenschaften.

Rauschenbach, Thomas (2009): Zukunftschance Bildung. Familie, Jugendhilfe und Schule in neuer Allianz. Weinheim/München: Juventa-Verlag.

Reese-Schäfer, Walter (2001): Kommunitarismus. Frankfurt/Main: Campus-Verlag.

Reutlinger, Christian (2011): Bildungsorte, Bildungsräume und Bildungslandschaften im Spiegel von Ungleichheit. Kritischer Blick auf das „Räumeln" im Bildungsdiskurs. In: Bollweg; Otto (2011): 51–69.

Reutlinger, Christian/Kessl, Fabian/Maurer, Susanne (2005): Die Rede vom Sozialraum – eine Einführung. In: Reutlinger et al. (2005): 11–27.

Reutlinger, Christian/Kessl, Fabian/Maurer, Susanne/Frey, Oliver (Hrsg.) (2005): Handbuch Sozialraum. Wiesbaden: VS Verlag für Sozialwissenschaften.

Schubert, Herbert (Hrsg.) (2008): Netzwerkmanagement. Koordination von professionellen Vernetzungen – Grundlagen und Praxisbeispiele. Wiesbaden: VS Verlag für Sozialwissenschaften.

Schuppert, Gunnar Folke (2008): Die neue Verantwortungsteilung zwischen Staat und Gesellschaft – oder: Wessen Wohl ist das Gemeinwohl? In: vhw August – September. 4. 2008. 189–193.

SPIELRAUM-Antragsformular (ohne Jahresangabe), unveröffentlichtes internes Dokument.

Stolz, Heinz-Jürgen: Ein bisschen Aufbruch. In: DJI Bulletin, München 3/2010. 8–10.

Stolz, Heinz-Jürgen/Schalkhauser, Sofie/Täubig, Vicki (2011): „Vernetze Bildung" – Ein institutioneller Mythos? In: Bollweg; Otto (2011): 99–111.

Tibussek, Mario (2009): Netzwerkmanagement: Steuerung in Bildungslandschaften. In: Bleckmann; Durdel (2009): 203–219.

Vogt, Markus (2003): Grenzen und Methoden der Verantwortung in der Risikogesellschaft. In: Beaufort et al. (2003): 85–108.

Wetzel, Dietmar J. (2008): Gemeinschaft. Vom Unteilbaren des geteilten Miteinanders. In: Moebius; Reckwitz (2008): 43–57.

Fabian Kessl | Christian Reutlinger

Bildung und Stadtentwicklung als Entwicklungsfaktoren urbaner Spielräume – ein vorläufiges Resümee

Das Programm SPIELRAUM steht auf zwei Beinen: Bildung und Stadtentwicklung. Beide Beine gehören zu einem Programmkörper; sie sind relativ unabhängig voneinander und zugleich Teil eines Komplexes. Die leitende Programmidee lässt sich mit diesem, dem Sport entlehnten Bild noch weiter beschreiben: Die Stadtentwicklung erweist sich im Kontext des Programms SPIELRAUM als Standbein, während die Bildung das Spielbein des Programms darstellt. Insofern dient die bauliche Aufwertung der Plätze an den unterschiedlichen Programmstandorten der Ermöglichung von Bildungsprozessen für die jugendlichen NutzerInnen. Die Neu- und Umgestaltung der Plätze im Sinne einer Ermöglichung oder Verbesserung von Bewegungsaktivitäten stellt daher auch den Ausgangspunkt der weiteren pädagogischen Initiativen dar. Allerdings sollte die Baute, so der Programmanspruch für die bauliche Aufwertung der Plätze, weder die kindlichen und jugendlichen Bewegungsaktivitäten noch die pädagogischen Initiativen festlegen.

Das Standbein der baulichen Struktur bietet im gelungenen Fall also die Rahmenbedingungen der immer wieder zwischen erwachsenen und jugendlichen AkteurInnen neu zu entwickelnden und zu realisierenden Bildungsprozesse. Die pädagogische Ausgestaltung der baulichen Rahmenbedingungen dient also der Ermöglichung von Aneignungspraktiken auf Seiten der NutzerInnen. Daher zielte das Programm SPIELRAUM auch konsequenterweise nicht nur auf eine „Bespielung" der jeweiligen Baute, sondern auf die Initiierung eines partizipativen Prozesses bereits im Rahmen der baulichen Neu- und Umgestaltung des jeweiligen Platzes und im Folgenden auf eine Etablierung pädagogischer Angebote, um das Bewegungsspiel der Kinder und Jugendlichen am und in Bezug auf den Platz zu fördern.

Im Zentrum des Programms stehen, wie dessen Name auch bereits symbolisiert, somit die *Spielräume der Kinder und Jugendlichen*. Das Spielbein von SPIELRAUM ist also das Spiel der NutzerInnen, so ließe sich etwas metaphorisch formulieren. Auf diese Fokussierung weist auch die Programmanlage insofern bereits hin, als sie auf eine Bewerbung pädagogischer Anbieter zielte und damit auf diejenigen, die sich der Aufgabe der Förderung und Ermöglichung von Bildungsprozessen verpflichten. Die kommunalen Instanzen, die die bauliche Gestaltung der lokalen Plätze verantworteten, also für die Stadtentwicklung stehen, mussten von den pädagogischen Bewerbern erst mit ins Spiel gebracht werden, indem diese als Matching- und Kooperationspartner für den jeweiligen Platz gewonnen wurden.

Im Sinne der damit markierten Schwerpunktsetzung auf die pädagogische Dimension stand auch im Mittelpunkt der wissenschaftlichen Prozessbegleitung des Programms von SPIELRAUM die Analyse der Förderung und Ermöglichung der jugendlichen Handlungs- und Spielräume. Von dort aus wurde auch die Inblicknahme der Handlungs- und Vernetzungsräume der erwachsenen AkteurInnen (pädagogische Fachkräfte) unternommen.

Aufgrund dieser Schwerpunktsetzung auf die Bildungsprozesse der Kinder und Jugendlichen wurde die Einflussgröße Stadtentwicklung im Rahmen der wissenschaftlichen Prozessbegleitung nicht explizit fokussiert, sondern der urbane Raum als gegebener sozialer, kultureller, politischer und physisch-materieller Kontext angenommen, der sich primär in der jeweiligen spezifischen Form der baulichen Um- oder Neugestaltung eines Platzes und der damit verbundenen politischen Entscheidungen materialisiert.

Zu den Ergebnissen der wissenschaftlichen Prozessbegleitung

Das Programm SPIELRAUM zielt auf die Stärkung der Handlungsfähigkeit der Kinder und Jugendlichen über die Ermöglichung und Förderung von Bildungsprozessen. Inwiefern dies im Rahmen der angestrebten partizipativen Platzgestaltung, der anschließenden Platznutzung und den damit verbundenen Zugehörigkeitsmustern unter den Kindern und Jugendlichen gelingen kann, war Gegenstand der wissenschaftlichen Prozessbegleitung.

Bevor wir nun einige resümierende Schlussfolgerungen aus den Evaluationsergebnissen ziehen, kann mit Bezug auf korrespondierende deutschsprachige Forschungsbefunde festgehalten werden, dass einiges für die im Programm SPIELRAUM unterlegte doppelte Perspektive auf Bildung und Stadtentwicklung spricht. So weisen zum Beispiel die Ergebnisse aus der wissenschaftlichen Begleitung des bundesdeutschen Programms „Entwicklung und Chancen junger Menschen in sozialen Brennpunkten" (E&C) und des Dachprogramms „Stadtteile mit besonderem Entwicklungsbedarf – Soziale Stadt" darauf hin, dass die ausschließliche Konzentration auf bauliche Aufwertungsmaßnahmen ebenso unzureichend ist, wie eine ausschließliche pädagogische Fokussierung auf einzelne „benachteiligte" Bevölkerungsgruppen. Im ersten Fall besteht nämlich die Gefahr, an den Interessen, den Entscheidungsstrukturen und der Alltagsgestaltung der NutzerInnen vorbei zu zielen. Im zweiten Fall kann zwar eine erhöhte Aufmerksamkeit im Sinne der politischen wie fachlich-professionellen Fokussierung einzelner Wohnareale, Stadtteile oder Plätze erreicht werden, aber auch deren Stigmatisierung befördert werden statt eine Aufwertung im Sinne der Erhöhung von Teilhabemöglichkeiten für die BewohnerInnen zu erreichen.

Vor diesem Hintergrund erscheinen uns die folgenden resümierenden Überlegungen aus der wissenschaftlichen Prozessbegleitung des Programms SPIEL-RAUM für die weiteren Diskussionen einer Projektgestaltung im Kontext von Bildung und Stadtentwicklung von zentraler Bedeutung.

Entwicklungsfeld für Schnittmengen von Bildung und Stadtentwicklung

Initiativen, wie das Programm SPIELRAUM können lokale Entwicklungsfelder eröffnen, um konkrete Angebotsstrukturen zu implementieren. Im Kontext von SPIELRAUM geschah dies in Form konkreter Projekte, mit denen veränderte und innovative pädagogische Angebotsstrukturen angeregt und teilweise auch bereits ermöglicht werden sollten. Bei der konkreten Projektumsetzung an den jeweiligen Standorten stand dabei im ersten Schritt vor allem der Umbau- oder Neubauprozess eines einzelnen Platzes für Bewegungsaktivitäten von Kindern und Jugendlichen im Mittelpunkt der Bemühungen.

Um diesen Prozess zu bewältigen, haben die StandortvertreterInnen viel Arbeitszeit investiert und mussten sich außerdem fachfremde Kompetenzen (z. B. baurechtliche) aneignen. Dies verweist auf die hohen Anforderungen und auch damit verbundene Schwierigkeiten, wenn die Entwicklungsfaktoren Bildung und Stadtentwicklung verschränkt werden. Diese sollten nicht von einem Engagement in diese Richtung abhalten, aber in zukünftigen Programmen bereits in der Programmanlage explizit Berücksichtigung finden.

Standortspezifik als Stärke von SPIELRAUM

Jeder lokale Standort zeichnet sich durch eine eigene Spezifik aus, das wurde im Verlauf der wissenschaftlichen Prozessbegleitung sehr deutlich. Erstens zeigte sich dieser Sachverhalt in der spezifischen Träger- und Personalstruktur; zweitens in dem damit verbundenen fachlich-professionellen Selbstverständnis; und drittens in Form der jeweiligen lokalen Rahmenbedingungen. Die weitgehende Möglichkeit zur Entfaltung dieser Standortspezifik ist eine der großen Stärken des Programms SPIELRAUM. Sie geht auch mit dem gewählten territorialen Ansatz an konkreten Plätzen weitgehend Hand in Hand: Dadurch dass konkrete Plätze im Fokus standen, konnte die unmittelbare lokale Konstellation großes Gewicht für das Gelingen der einzelnen Projekte erlangen. Indem das Programm SPIELRAUM diese Konstellation nicht deutlich beeinflusste, konnte sich die Standortspezifik auch entfalten. SPIELRAUM ließ damit den jeweiligen lokal-spezifischen Konstellationen Raum. Zugleich ist mit einer solchen Vorgehensweise auch eine Gefahr verbunden: Die Anbieter und Träger, die von solchen Programmangeboten, wie SPIELRRAUM, profitieren können, sind unter Umständen nur oder primär diejenigen, die bereits über eine funktionstüchtige Kooperationsstruktur verfügen und die den – zur alltäglichen Arbeit: zusätzlichen – Aufwand einer Bewerbung im Rahmen einer solchen Förderausschreibung, wie des Programms SPIELRAUM, auch leisten können.

Vor dem Hintergrund der Erfahrungen im Programm SPIELRAUM sollte daher mit Blick auf zukünftige Programme darüber nachgedacht werden, ob nicht bereits die Bewerbung von Trägern durch eine Programmförderung unterstützt werden kann.

Professionalität als Regulierungsgröße

Das Programm SPIELRAUM ist primär in Bezug auf den Entwicklungsfaktor Bildung konzipiert, insofern stellt die pädagogische Dimension die entscheidende Programmdimension dar. Daher war eine entsprechende fachlich-professionelle Ausgestaltung des Programms am jeweiligen Standort erforderlich. Die Herausforderung des Programms SPIELRAUM lag daher darin, trotz Gewährleistung des Freiraums für die lokalen Konstellationen gleichzeitig auch die Erfüllung pädagogisch-professioneller Standards an den jeweiligen Standorten zu ermöglichen und zu gewährleisten. Die Evaluationsbefunde verdeutlichen, dass dies nur in Form einer stark prozessorientierten Programmsteuerung gelingen konnte, um die professionelle Autonomie der (sozial)pädagogischen StandortvertreterInnen hinsichtlich der konzeptionellen Fokussierung auf die Programmziele hin zu unterstützen und ihnen zugleich ausreichenden Gestaltungsspielraum im spezifischen lokalen Kontext zu lassen.

SPIELRAUM hat erst den Anfang gemacht für die Etablierung lokaler Bildungsräume

Der bauliche Um- oder Neugestaltungsprozess konnte, wenn auch in sehr unterschiedlichen Zeiträumen, an allen Standorten erfolgreich bewältigt werden. Zum Zeitpunkt des Abschlusses der wissenschaftlichen Prozessbegleitung waren die Entwicklungen allerdings noch nicht so weit gediehen, dass ein angemessenes Urteil über die nachhaltige Etablierung der lokalen Spielräume als

Bildungsräume für Kinder und Jugendliche getroffen werden kann. Inwiefern die pädagogische Zielsetzung von SPIELRAUM – Etablierung von lokalen Bildungsräumen, aber auch die Einbindung der Aktivitäten am jeweiligen Platz in umfassendere lokale Bildungszusammenhänge – an allen Standorten bereits erreicht ist, wird daher erst in Zukunft beantwortbar sein. Daher sollte die Weiterarbeit an der Ausgestaltung und nachhaltigen Etablierung solcher lokalen Bildungsräume und umfassenderen Bildungszusammenhänge im Fokus von Anschlussaktivitäten an das Programm SPIELRAUM stehen. Gerade der Entwicklungsfaktor Bildung sollte also in Zukunft eine deutliche Berücksichtigung finden. Diese Arbeit an der pädagogischen Dimension des Programms SPIEL-RAUM könnte von einer zukünftigen Förderorganisation beispielsweise durch das Angebot von pädagogischen Fortbildungsveranstaltungen für die StandortvertreterInnen gezielt unterstützt werden.

Programmziele sind transparent zu formulieren

Die zentrale Philosophie des Programms SPIELRAUM oder auch möglicher Nachfolgeprogramme sollte gegenüber den StandortvertreterInnen immer wieder transparent gemacht werden: statt eines heimlichen ist also ein expliziter Lehrplan anzustreben. Nur dann ist eine gemeinsame und damit die Professionalität der (sozial)pädagogischen Arbeit vor Ort sichernde Programmaktivität zu realisieren.

In diesem Zusammenhang ist auch die Einflussmöglichkeit der beteiligten StandortvertreterInnen, aber auch der beteiligten Jugendlichen, auf die konkrete Ausgestaltung des Programms selbst, zu berücksichtigen. Hierzu ist immer wieder zu reflektieren, welche Akteure zu welchem Zeitpunkt explizit oder implizit und in welchem Ausmaß Einfluss auf das Programm nehmen oder dies nicht können. Entsprechende Teilhabemöglichkeiten sind zu gewährleisten.

Die Programmkoordination benötigt eine standortverträgliche Exit-Strategie

Die verschiedenen Phasen eines Programms, wie es das Programm SPIEL-RAUM darstellt, erfordern unterschiedliche Formen des Engagements und der Zusammenarbeit zwischen StandortvertreterInnen und der Programmsteuerung.

Nach intensiven Phasen des Engagements in der Implementierungsphase des Programms an den Standorten, die sich in der Beteiligung der Programmsteuerung an den jeweiligen Eröffnungsveranstaltungen der Plätze vor Ort oder der Vorbereitung und verantwortlichen Durchführung der Netzwerktreffen symbolisiert, ist für die letzte Programmphase auch zu vereinbaren, zu welchem Zeitpunkt und in welcher Form sich die Programmsteuerung aus den lokalen Standortaktivitäten wieder zurückzieht.

Das Programm SPIELRAUM kann nicht mehr sein als ein Pilot im Kontext einer umfassenden „Intervention", die bildungspolitische und stadtentwicklungspolitische Perspektiven systematisch und produktiv zusammenführt und die notwendigen Angebote von urbanen Spielräumen für Kinder und Jugendliche zukünftig gewährleistet. Initiativen, wie das Förderprogramm SPIELRAUM, können daher auch eine öffentliche Bereitstellung und nachhaltige Ausgestaltung von urbanen Spielräumen keineswegs substituieren, sondern nur zu deren Weiterentwicklung beitragen. Die gemachten Erfahrungen im Kontext des Programms SPIELRAUM weisen aber auf einige grundlegende Aspekte hin, die in zukünftigen Initiativen für eine Verschränkung von Bildung und Stadtentwicklung zu berücksichtigen sein werden.

Autorinnen und Autoren

Tamara Behnke, Dipl. Sozialpädagogin, M.A., Essen. Arbeitsschwerpunkte: Kinder- und Jugendarbeit, Sozialraumorientierung. Kontaktadresse: tamara.behnke@googlemail.com

Caroline Fritsche, Kompetenzzentrum Soziale Räume der FHS St. Gallen, Hochschule für Angewandte Wissenschaften. Arbeits- und Forschungsschwerpunkte: Öffentlicher Raum, Stadt und Soziale Arbeit. Kontaktadresse: caroline.fritsche@fhsg.ch

Nadine Günnewig, Fakultät für Bildungswissenschaften, Institut für Soziale Arbeit und Sozialpolitik, an der Universität Duisburg-Essen. Arbeits- und Forschungsschwerpunkte: Grounded Theory Methodologie, Kinder- und Jugendhilfeforschung, Lebensführungsforschung. Kontaktadresse: nadine.guennewig@uni-due.de

Meike Hartmann, HBS-Promotionskolleg „Widersprüche gesellschaftlicher Integration. Zur Transformation Sozialer Arbeit" an der Universität Duisburg-Essen. Arbeits- und Forschungsschwerpunkte: sexuelle Gewalt in Institutionen der Kinder- und Jugendhilfe, Dokumentarische Methode. Kontaktadresse: meike.hartmann@uni-due.de

Fabian Kessl, Fakultät für Bildungswissenschaften, Institut für Soziale Arbeit und Sozialpolitik, an der Universität Duisburg-Essen. Arbeits- und Forschungsschwerpunkte: Wohlfahrtsstaatliche Transformationsforschung, Sozialraumforschung und Gouvernementalität Sozialer Arbeit. Kontaktadresse: fabian.kessl@uni-due.de

Heike Prüße, Fachstelle Evaluation und Qualitätssicherung in der Deutschen Kinder- und Jugendstiftung gemeinnützige GmbH, Berlin. Arbeits- und Forschungsschwerpunkte: Evaluationen im Bildungsbereich. Kontaktadresse: heike.pruesse@dkjs.de

Christian Reutlinger, Kompetenzzentrum Soziale Räume der FHS St. Gallen, Hochschule für Angewandte Wissenschaften. Arbeits- und Forschungsschwer-

punkte: Transdisziplinäre Sozialraumforschung, Kinder- und Jugendräume, Bildungsräume.
Kontaktadresse: christian.reutlinger@fhsg.ch

Mandy Schöne, Institut für Soziale Arbeit, FHS St. Gallen, Hochschule für Angewandte Wissenschaften. Arbeits- und Forschungsschwerpunkte: sozialräumliche Wohlfahrtsproduktion, außerschulische Bildung und Erziehung, kritisch-reflexive Soziale Arbeit.
Kontaktadresse: mandy.schoene@fhsg.de

Sarah Zimmermann, Dipl. Sozialpädagogin, M.A., Essen. Arbeitsschwerpunkte: (Sozial-)Raumforschung, Kinder- und Jugendarbeit.
Kontaktadresse: zimmermann.sarah@gmx.net

Interkulturelle Pädagogik

Georg Auernheimer (Hrsg.)
Interkulturelle Kompetenz und pädagogische Professionalität
3. Aufl. 2010. 262 S. (Interkulturelle Studien Bd. 13) Br. EUR 24,95
ISBN 978-3-531-17463-1

Ingrid Gogolin | Ursula Neumann (Hrsg.)
Streitfall Zweisprachigkeit – The Bilingualism Controversy
2009. 338 S. Br. EUR 29,90
ISBN 978-3-531-15886-0

Sara Fürstenau | Mechtild Gomolla (Hrsg.)
Migration und schulischer Wandel: Elternbeteiligung
2009. 182 S. Br. EUR 16,90
ISBN 978-3-531-15378-0

Sara Fürstenau / Mechtild Gomolla (Hrsg.)
Migration und schulischer Wandel: Unterricht
2009. 174 S. Br. EUR 16,90
ISBN 978-3-531-15376-6

Sara Fürstenau | Mechtild Gomolla
Migration und schulischer Wandel: Mehrsprachigkeit
2011. 216 S. Br. EUR 19,95
ISBN 978-3-531-15381-0

Sara Fürstenau | Mechtild Gomolla
Migration und schulischer Wandel: Leistungsbeurteilung
2012. ca. 180 S. mit 3 Abb. u. 2 Tab. Br. EUR 16,95
ISBN 978-3-531-15380-3

Sara Fürstenau
Interkulturelle Pädagogik und Sprachliche Bildung
Herausforderungen für die Lehrerbildung
2012. 250 S. Br. ca. EUR 24,95
ISBN 978-3-531-17937-7

Paul Mecheril | Susanne Arens | Claus Melter | Oscar Thomas-Olalde | Elisabeth Romaner
Migrationsforschung als Kritik?
Kontur einer Forschungsperspektive
2012. ca. 200 S. Br. ca. EUR 24,95
ISBN 978-3-531-18622-1

Paul Mecheril | Susanne Arens | Claus Melter | Oscar Thomas-Olalde | Elisabeth Romaner
Migrationsforschung als Kritik?
Spielräume kritischer Migrationsforschung
2012. ca. 200 S. mit 10 Abb. u. 10 Tab. Br. ca. EUR 24,95
ISBN 978-3-531-18621-4

 Springer VS

The manufacturer's authorised representative in the EU is Springer
Nature Customer Service Centre GmbH, Europaplatz 3, 69115 Heidelberg,
Germany. If you have any concerns regarding our products, please
contact ProductSafety@springernature.com

Printed and bound by CPI Group (UK) Ltd, Croydon, CR0 4YY
27/04/2026
02097657-0001